Reiseführer

Algarve

Albufeira Carvoeiro Lagos Sagres

**Strände · Museen · Bootsausflüge · Wanderungen
Kirchen · Aussichtspunkte · Hotels · Restaurants**

Die Top Tipps führen Sie zu den Highlights

von Gabriel Calvo Lopez–Guerrero und
Sabine Tzschaschel

□ Service

Leserforum

Die Meinung unserer Leserinnen und Leser ist wichtig, daher freuen wir uns von Ihnen zu hören. Wenn Ihnen dieser Reiseführer gefällt, wenn Sie Hinweise zu den Inhalten haben – Ergänzungs- und Verbesserungsvorschläge, Tipps und Korrekturen –, dann kontaktieren Sie uns bitte:

Redaktion ADAC Reiseführer
Travel House Media GmbH
Grillparzerstr. 12, 81675 München
adac.reisefuehrer@travel-house-media.de

Algarve Impressionen

Mediterranes Flair am Atlantik

Wo Himmel und Meer sich treffen, Land und Horizont in blassen Nebeln verschmelzen, wo weißer Sand, goldfarbene Felsen und schäumende Gischt in blaues Meer übergehen – dort liegt im Süden Portugals, weit entfernt von den großen Städten, die sonnenverwöhnte Algarve.

Eine ganz eigene Faszination geht von diesem ›Ende Europas‹ aus, die die Menschen schon vor 500 Jahren spürten. Damals begannen die portugiesischen Seefahrer ihre **Entdeckungen** und **Eroberungen** unbekannter Kontinente in den Häfen von Lagos, Alvor und Portimão. Davor, vom 8. bis zum 13. Jh., herrschten die Mauren über einen Großteil der Iberischen Halbinsel. Ihnen verdanken Städte wie Silves oder Tavira Aufstieg und Blüte.

Den westlichen Teil ihrer iberischen Besitzungen nannten die Mauren schlicht **Al-Gharb**, der Westen. Als Algarve blieb die Bezeichnung erhalten und ist grammatikalisch im Portugiesischen wie im Arabischen männlich. Im Deutschen freilich hat sich der Sprachgebrauch die Algarve gegenüber dem ebenfalls korrekten der Algarve durchgesetzt.

Jeder findet seinen Strand

Über 100 Strände gibt es offiziell an der Algarve. Dazu kommen die ungezählten kleinen Buchten, die nur vom Wasser aus zu erreichen sind. Familien mit kleinen Kindern sind von den flachen Stränden der **Sandalgarve** im Bereich östlich von Albufeira begeistert. Westlich beginnt die

Oben: *Der Bug eines Fischerbootes verrät in Wort und Schrift die Hoffnung auf glückliche Heimkehr, ›Denn ich warte auf dich‹*
Rechts: *Feiner Sand, türkisblaues Wasser und viele Gäste an der Praia de Dona Ana*
Rechts oben: *Silves mit seiner alten maurischen Burg hat ein sehr malerisches Stadtbild*

die Sandstrände dafür umso feiner und reizvoller. Abenteurer, Sportfischer und Urlauber, die eine beeindruckende, ungestüme Meereskulisse dem bequemen Strandleben weiter östlich vorziehen, sind hier am richtigen Ort.

Internationales Flair

Bevor man die Algarve dank Charterflügen auch aus den kalten regnerischen Breiten Mitteleuropas in wenigen Stunden erreichen konnte, war der Süden Portugals ein verträumter Landstrich mit kleinbäuerlichen Anwesen, an dessen einsamen Stränden nur hochgezogene **Fischerboote** lagen.

Die bunt bemalten Boote sind zwar immer noch zu sehen, doch mittlerweile ruhen sie dicht neben teils mondänen **Badestränden**, an denen sich nordeuro-

Felsalgarve mit ihren steilen Abstiegen und malerischen Szenerien. Hier finden Individualisten noch immer ein paar stille Fleckchen zum Träumen. Und in mancher Felsenbucht liegt tagelang eine Hochseejacht vor Anker, deren Besatzung die unvergleichliche Naturkulisse genießt. An der Südwest- und Westküste, der **Costa Vicentina**, werden Meer und Witterung rau, die Küste steinig und felsig,

Oben: *Warten auf den Tintenfischfang: Fischer und Tongefäße im Hafen von Tavira*
Mitte: *Abends im Jachthafen von Vilamoura*
Unten: *Maurische Elemente bereichern eine der vielen Ferienanlagen bei Albufeira*
Rechts oben: *Herb-schöne Praia do Amado bei Carrapateira an Portugals Westküste*
Rechts: *Golfen auf Algarves Klippen*

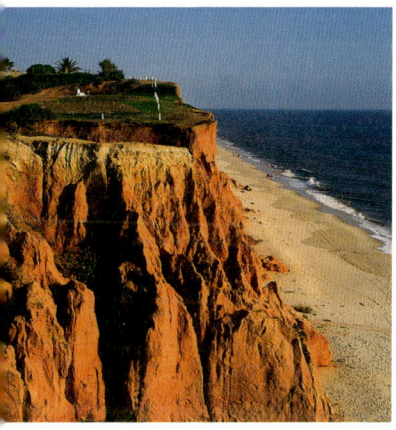

päische Schönheiten bräunen und Scharen von Kindern Sandburgen bauen. Der Fang der Fischer reicht allerdings kaum mehr aus, die zahllosen **Lokale** in jedem Hafenort zu beliefern, in denen dampfende Fischpfannen, Reiseintöpfe mit Meeresfrüchten, Muschelgerichte und frisch filetierter Fisch an adrett herausgeputzten Tischen serviert werden.

Am Flughafen von Faro kommen jährlich 2,8 Mio. Ausländer an. Von dort aus reisen sie an die Lee- und die Luvseite der Algarve weiter, den **Sotavento** östlich des Cabo Santa Maria und den **Barlavento** im Westen. Ob flachsandig, wildromantisch mit Felskulisse, stürmisch oder lieblich, für jeden Geschmack gibt es das ideale Ferienziel. Die abwechslungsreiche Küstenlandschaft und das selbst heute noch stille Hinterland bieten auch Freunden des kontemplativen Landurlaubs viele reizvolle Ziele. Vor allem aber finden Sonnenanbeter, Strandläufer, Wassersportler und Golfer an der Algarve ihr Dorado.

Neben den gepflegten Stränden warten zahlreiche **Sporthäfen** auf Freunde des Segel- und Motorsports. Kite-, Wind-, Wellen- und Bodysurfer finden am Barlavento ideale Buchten und schätzen die rollenden Wellen der *Costa Vicentina*. Für **Golfer** ist die Algarve mit ihren günstigen Witterungsverhältnissen und über 20 fantasievoll gestalteten Plätzen ohne Zweifel die Nummer eins in Europa.

In den langen, warmen Sommernächten treffen sich die Urlauber aus den großen und kleinen Ferienanlagen und Hotels, den Ferienwohnungen und den Landvillen sowie aus den Pousadas in den Restaurants und Hafenkneipen, den Diskotheken und Beach-Bars. Das rege **Nachtleben** findet auf Deutsch, Englisch, Spanisch oder Holländisch statt – und manchmal hört man sogar das ein oder andere portugiesische Wort.

Immerwährender Frühling

An der Algarve ist fast das ganze Jahr über Saison. Bis weit in den November hinein und bereits wieder ab Februar wärmt die Sonne so, dass man herrliche Strandspaziergänge und Wanderungen entlang der Steilküsten oder an den Südhängen der einladend grünen *Serra de Monchique* unternehmen kann. Im Winter schützen die Berge vor rauen West- und Nordwinden, der Sommer wird dank der erfrischenden Brisen, die vom Atlantik her wehen, nie unerträglich heiß.

Voller Überraschungen erfreut die Algarve zu jeder Jahreszeit mit wechselnden Blüten und Früchten, präsentiert sich das Meer in jeweils anderen Farben. Schon Ende Januar blühen die Mandelbäume, es folgen Mimosen und Kirschen, bis hin zu den herrlichen tiefroten Blüten des Granatapfels von Mai bis September. Selbst im November blüht es, Hibiskus und Bougainvilleen leuchten in den Gärten, die zarten weißen Glöckchen und roten Früchte des Erdbeerbaums tüpfeln die **Bergwälder** der Serras. Im Dezember schließlich strahlen hier im Freien überall die purpurfarbenen Scheinblüten der baumgroßen Weihnachtssterne, die zu Hause nur in kleinen Töpfen die adventlichen Fensterbänke schmücken.

Vielfältige Naturerlebnisse

Das ewige Spiel von Ebbe und Flut schafft an der Algarve eine immer neue Küstenlandschaft. Dabei nimmt die stete Kraft des Meeres auf der einen Seite das, was sie an anderen Stellen wieder anschwemmt. Höhlen und Grotten der Felsalgarve bilden eine faszinierende Kulisse, die nicht nur für Taucher und Schnorchler aufregende Entdeckungen birgt. Wo das ausgewaschene sandige Material wieder abgelagert wird, entstehen andererseits ausgedehnte Dünen, Sandbänke und Lagunen.

Im **Schwemmland** der breiten Flussmündungen der Sandalgarve befinden sich große Brutgebiete von Wasservögeln. Am bekanntesten ist die **Ria Formosa**. Flamingos sind hier zu Hause, Reiher, Schnepfen und viele andere, sogar endemische Arten. Zusätzlich lassen sich im Herbst und Frühling Hunderttausende von Zugvögeln in den nahrungsreichen Feuchtgebieten nieder, um Kraft für die anstehende Meerüberquerung bzw. den Weg nach Norden zu sammeln. Wer sich für Tierbeobachtung interessiert, sollte also ein Fernglas mitnehmen.

Oben: *Eselkarren vor der Igreja Matriz in São Bartolomeu de Messines*
Unten: *Kirchenschmuck in Portugal: prächtige Talha-Dourada-Arbeiten, hier in der Igreja de Santo António in Lagos*
Rechts oben: *Vollendete Fliesenkunst ziert die Freitreppe im Palastgarten von Estói*
Rechts: *Tradition in der Moderne: kunsthandwerkliche Gestaltung von Azulejos*

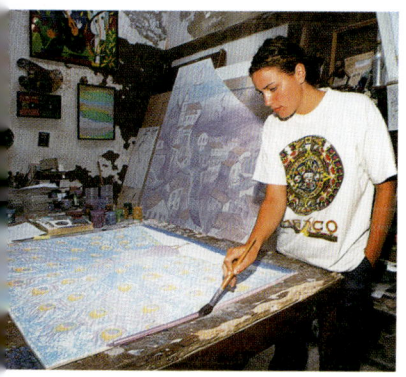

Kultur und Tradition

Die Algarve hatte es über die Jahrhunderte hinweg nicht leicht, ihre Baudenkmäler gegen die immer wiederkehrenden Erdbeben, zahllosen Belagerungen und Piratenüberfälle zu verteidigen. Es scheint, als seien nur **Burgen** und Festungen für die Ewigkeit gemacht, die trutzigen Zeugen unruhiger Zeiten in Silves, Aljezur und Castro Marim, in Loulé, Cacela Velha, Faro oder Lagos. Jedoch sind in den Städten auch einige der alten **Kirchen** erhalten. Ihre vergoldeten holzgeschnitzten Rokokoaltäre aus dem 18. und 19. Jh., **Talhas Douradas** genannt, und die im 16. Jh. entstandenen verspielten Portale, im **manuelinischen Stil** mit aus Stein gehauenen Knoten, Tauwerk und exotischen Blüten verziert, zeugen vom Reichtum des Klerus und der Stifter. Und sie erinnern an Portugals große Zeit als stolze **Seefahrernation**. Manch ein

Gotteshaus oder eine Seitenkapelle ist mit blau-weißen, oft szenisch bemalten Fliesen verkleidet. Diese **Azulejos** sind eine Besonderheit der portugiesischen Architektur, eine kunstvolle Schutzschicht gegen die Feuchtigkeit und das Salz der Meerluft. Ein Meisterwerk dieser Art ist die vollständig gefliesste **Igreja de São Lourenço dos Matos** von Almancil.

Wandel durch Tourismus

Der Tourismus hat die Algarve sehr verändert. Oft sind die alten Ortskerne zwischen modernen Feriensiedlungen und Hochhäusern kaum mehr zu finden. Doch zugleich bedeuteten diese Veränderungen Arbeit und Auskommen für rund 400 000 Portugiesen. Beherbergungs- und Gaststättengewerbe sowie Lebensmittelproduktion und Bauindustrie profitierten vom Tourismus. Die Stadtzentren wurden saniert, und auch die Außenbezirke der Orte blühten immer mehr auf. Im 21. Jh. ist der Tourismus noch immer der bedeutendste Wirtschaftsfaktor. Die aufgrund der portugiesischen Haushaltskrise stark rückläufige Zahl einheimischer Urlauber wurde durch die Zunahme an ausländischen Gästen, die rund zwei Drittel der Touristen an der Algarve stellen, kompensiert. Trotzdem liegt nirgendwo in Portugal die Arbeitslosenquote so hoch wie hier, zuletzt bei insgesamt 18 Prozent, bei Jugendlichen gar über 40 Prozent. Dennoch oder gerade deshalb darf sich der Besucher auf ein sehr freundliches Willkommen seiner Gastgeber freuen.

8 Tipps
für cleveres Reisen

Urlaub auf dem Land

1 Immer mehr Landhäuser und Bauernhöfe öffnen mit staatlicher Förderung ihre Tore für Individualreisende, die den authentischen Lebensstil der Algarve kennen lernen möchten. ›Turismo Rural‹ (www.center.pt) nennt man das. Vorbildlich setzen diese Idee die ›Casas do Palheiro Velho‹ bei Castro Marim (➜ S. 60) ganz im Osten der Algarve um. Auf diesem alten Landgut empfangen Domingos und Anabela mit viel Wärme ihre Gäste. Bei aller Tradition kommt der Komfort nicht zu kurz. Ein schöner Sandstrand liegt nur 15 Autominuten entfernt. *www.casas-palheiro-velho.com*

2 Mautbürokratie oder Strafzettel

Wer sich nicht über die oft verstopfte mautfreie N 125 quälen möchte, kommt um die A 22 nicht herum, für die allerdings Maut fällig ist. Ärgerlicherweise gibt es keine Mautstellen, und da nicht alle Mietwagen mit dem elektronischen Erfassungssystem ausgerüstet sind (unbedingt nachfragen!), müssen Sie die Maut innerhalb von fünf Tagen, aber frühestens 48 Stunden nach der Fahrt auf einem Postamt bezahlen. Tun Sie dies nicht, erhalten Sie einen teuren Strafzettel, denn alle Fahrzeuge auf der Mautstraße werden fotografisch erfasst.

3 Espresso auf Portugiesisch

Kaffee schmeckt in Portugal hervorragend – schließlich sind die früheren Kolonien Kaffeeproduzenten! Wer ›uma bica‹ bestellt, bekommt eine Tasse starken Espresso. ›Bica italiana‹ ist ein Ristretto, ›Bica cheia‹ ein verlängerter Espresso, ›Bica pingada‹ ein Espresso Macchiato, ›Galão‹ ein großer Milchkaffee, und beim ›Café com cheirinho‹ kommt ein Schuss Aguardente hinzu. Denken Sie daran, dass der Kaffee am Tresen weniger kostet als auf der Terrasse!

Spektakuläre Fotomotive 4

Tolle Fotomotive bietet die religiöse ›Festa em Honra da Nossa Senhora das Dores‹ (Fest unserer Heiligen Jungfrau der Schmerzen) in Monte Gordo (→ S. 59), einem Urlaubszentrum im Osten der Algarve (Kreis Vila Real de Santo António). Es wird drei Tage lang am zweiten Wochenende im September mit einer großen Marienprozession am Strand, mit Blumen geschmückten Booten, einem großen Markt, musikalischen Veranstaltungen und einem spektakulären Abschlussfeuerwerk gefeiert. Absolut sehenswert!

5 Karneval in Loulé

Mit seinen traditionellen farbenfrohen Umzügen gilt der ›Karneval von Loulé‹ (→ S. 31) als einer der schönsten Portugals. Auf der Avenida José da Costa Mealha paradieren ein gutes Dutzend Umzugswagen, außerdem unterhalten Sambaschulen, Stelzenläufer, Clowns und traditionelle Figuren aus Pappmaschee, die politische und soziale Themen aufs Korn nehmen, das Publikum. Der wichtigste Umzug findet am Faschingssamstag statt. Urlauber sind herzlich eingeladen, sich zu verkleiden und mitzutanzen.

Delfine in freier Wildbahn 6

Sie wollen Delfine in freier Wildbahn erleben? Alle größeren Häfen der Algarveküste bieten dafür Bootsausflüge an. Zwischen Ende Juni und Anfang September, besonders aber im August, ist die Chance am größten. Besonders zu empfehlen ist ›Mar ilimitado‹, ein Team von Meeresbiologen, das von Sagres (→ S. 106) aus in See sticht. Im Programm sind auch Beobachtungsfahrten zu den Sturmvögeln und Raubmöwen rund um das Cabo São Vicente. www.marilimitado.com

7 Radeln auf der Ecovia

Lange war die Algarve eher Entwicklungsland für Radfahrer, doch auf dem über 200 Kilometer langen Fernradweg ›Ecovia‹ (mit einer blauen Linie am Wegrand markiert) kann man wunderbar entspannt durch schöne Landschaften von Vila Real de Santo Antonio bis Sagres radeln. Auf weiten Strecken herrscht kein Autoverkehr. Unter anderem zwischen Silves und Mexilhoeira Grande (ab dort besonders schöne Strecke bis Sagres!) kann man den Weg mit der Eisenbahn abkürzen, denn Räder werden befördert.

8 Süßgebäck mit Tradition

›Doces conventuais‹ heißen die vielfach preisgekrönten Süßgebäcke, die Senhora Maria Encarnação nach alten Klosterrezepten herstellt. Dazu verwendet sie lokale Produkte wie Feigen, Mandeln und Johannisbrot. In ihrer ›Quinta dos Avós‹ an der Straße von Ferreiras nach Algoz können Sie himmlische Kuchen, Marmeladen, Liköre und Tees nach Herzenslust probieren und natürlich auch erwerben (Mi–Mo 14–20 Uhr). www.quintadosavos.pt

8 Tipps
für die ganze Familie

Erlebniszoo mit Schwimmbad

1

Der Vergnügungspark ›Krazy World‹ bei Algoz bietet nicht nur einen Zoo mit exotischen Tieren und einem Krokodilpark, sondern auch zwei große Schwimmbecken, Minigolf, Hüpfburgen, Fahrgeschäfte und Ponyritte. *An der N 269, 3 km nördlich von Algoz, Tel. 282 57 41 34, www.krazyworld.com. Mitte März–Sept. tgl. 10–18 (Sommer bis 18.30), Okt. Mi–So 10–18, sonst Fr–So 10–18 Uhr. Shuttle-Service. Eintritt rund 9,95 Euro (Juli/Aug. 11,95 Euro), Kinder 5–12 Jahre rund 6,95 Euro (Juli/Aug. 7,95 Euro). Familientickets erhältlich. Scooter-/Quadfahrten extra.*

2 ### Minigolf im antiken Rom

Zwei ›Crazy Golf Parcours‹ mit römisch-antikem Motto sorgen dafür, dass sich im ›Family Golf Park‹ von Vilamoura (→ S. 69) die ganze Familie prächtig amüsiert. Wer vom Putten genug hat, kann seine Sprösslinge in den Kid's Club schicken oder im Sommer an abendlichen Workshops teilnehmen lassen. *Rua dos Marmeleiros, Vilamoura, Tel. 289 300 800, www.familygolfpark.com.pt. Febr.–Nov. tgl. 10–18 Uhr, im Sommer länger. Erwachsene rd. 13 Euro, Kinder 4–10 Jahre rd. 7 Euro.*

Showtime für Delfine

3

Die Stars von ›Zoomarine‹ (→ S. 79), einer Kombination aus Wassershow, riesigen Schwimmbecken mit Wasserrutschen sowie Fahrgeschäften in einem Vergnügungspark mit Karussell, Riesenrad und Piratenschaukel sind Delfine, Seelöwen und Papageien, die das Publikum mit ihren verblüffenden Kunststücken in ihren Bann ziehen. *An der N 125 zwischen Pêra und Guia (8 km nördwestlich von Albufeira), Tel. 289 56 03 00, www.zoomarine.pt. April–Juni und Sept./Okt. tgl. 10–18, Juli/Aug. tgl. 10–19.30 Uhr, Nov.–März geschl. Erwachsene rund 29 Euro, Kinder unter 10 Jahre bzw. 100 cm rund 19 Euro.*

4 Adrenalinkicks im Aqualand

Die wohl aufregendste Wasserrutsche der Algarve dürfte der ›Banzai Boggan‹ im ›Aqualand‹ (→ S. 82) sein. Dabei saust man auf einem Brett aus 25 Meter Höhe fast senkrecht über eine Hohlrutsche ins Wasserbecken und schießt dann 50 Meter weiter auf der Wasseroberfläche entlang. Nicht minder aufregend ist die knapp 100 Meter lange Wasserrutsche ›Kamikaze‹. *An der N 125 bei Alcantarilha, Tel. 282 32 02 30, www.aqualand.pt. Tgl. Mitte bis Ende Juni 10–17, Juli bis Anfang Sept. 10–18 Uhr. Erwachsene rund 22 Euro, Kinder je nach Körpergröße rund 5–13 Euro, Ermäßigung online.*

Grottentour mit Piratenschiff 5

Die ›Caravela Santa Bernarda‹ ist ein Fischkutter, der zur Replik einer alten portugiesischen Zweimast-Karavelle umgebaut wurde. Das Boot legt unter Segeln von Portimão (→ S. 88) ab, um die Steilküste zu erkunden. Mit kleinen Booten fährt man in die Grotten von Lagos oder Carvoeiro. Eine Ganztagestour führt bis nach Sagres und dem Cabo São Vicente. *Buchung am Kai, Portimão, Tel. 282 42 27 91, www.santa-bernarda.com. Je nach Tour ab 30 Euro, Kinder zahlen die Hälfte.*

6 Für kleine Pferdenarren

Das von einem englischen Paar geführte ›Country Riding Centre‹ hat sich besonders gut auf die Bedürfnisse junger Pferdefreunde eingestellt und bietet Ausritte auf größeren Pferden und Ponys an. Am Sonntag und in den Schulferien werden auch nachmittägliche Kindergeburtstage organisiert. *Norinha bei Silves, Tel. 917 97 69 92, www.countryridingcentre.com. Rund 25 Euro für einen 30-minütigen Ponyritt (nur Kinder).*

Hochseiltouren im Abenteuerpark 7

Der ›Parque Aventura‹ in der Urlauberhochburg Albufeira (→ S. 77) ist ideal für Familien mit Kindern ab vier Jahren, die mal eine Pause vom Strand einlegen möchten. Beliebt sind die Ziplines und Hochseiltouren von Baum zu Baum. Außerdem gilt es Seilbrücken zu bezwingen. Auch Skateboard- und Paintballfans kommen auf ihre Kosten. *Estrada de Santa Eulália, Albufeira, Tel. 913 18 57 82, www.lusoaventura.com. Tgl. ab 14 Uhr, auch Buchungen am Vormittag möglich. Preise 10–16 Euro (Gruppenpreise ab 8 Personen), Paintball: rd. 18 Euro.*

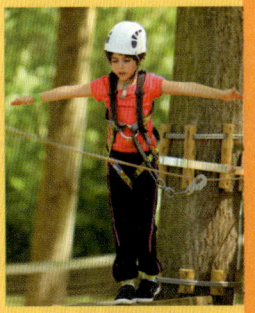

8 Wissenschaft zum Anfassen

Im ›Centro Ciência Viva do Algarve‹ in Faro (→ S. 20) gibt es viel anzufassen und in Bewegung zu setzen. Die permanente Ausstellung widmet sich naturwissenschaftlichen Themen wie Meer, Vulkanen, Erdbeben und Evolution. Außerdem gibt es drei Aquarien, Lehrgärten, eine astronomische Abteilung und einen Bereich für das Thema ›Erneuerbare Energien‹. *Rua Comandante Francisco Manuel, Faro, Tel. 289 89 09 20, www.ccvalg.pt. Di–So 10–18 Uhr (Kassenschluss 17 Uhr). Erwachsene rund 4 Euro, Kinder 4–17 Jahre rund 2 Euro, Familienticket (2 Erwachsene und bis zu 4 Kinder) rund 8 Euro.*

Unterwegs

Weiße Häuser und bunte Boote –
malerisches Ensemble am Hafen von Lagos

Faro und Umgebung –
Herz der Ferienlandschaft

Die Hafenstadt **Faro** ist das Eingangstor zur Algarve. Der internationale Flughafen liegt im Westen, nur 8 km vom Stadtzentrum entfernt. Hier kommen die meisten der 2,8 Mio. ausländischen Urlauber an, die jedes Jahr den Süden Portugals aufsuchen. Westlich und südlich reichen die Ausläufer der Lagunenlandschaft **Ria Formosa** bis an die Landebahn. An der Küste bieten die Luxusurbanisationen von **Vale do Lobo** und **Quinta do Lago** mit ihren exklusiven Golfklubs einem zahlungskräftigen Publikum stilvollen Urlaub mit allem, was das Herz begehrt.

Landeinwärts, an den Ausläufern der bis zu 545 m hohen *Serra do Caldeirão* liegt das Bergstädtchen **Estói**. Hier erinnern Ausgrabungen daran, dass schon die Römer die hügelige Gegend als Sommerfrische schätzten. Die fruchtbare Ebene von **São Brás de Alportel** wird als Gemüsegarten der Algarve gerühmt. Seine Früchte kann man etwa in **Loulé** genießen, dessen Gassen sich jeden Samstag mit Marktbesuchern füllen. Weiter im Landesinneren bieten ruhige Dörfer wie **Salir** und **Querença** frische Bergluft, einen herrlichen Blick auf die Küstenebene sowie einladende **Wanderwege** in der Umgebung.

1 Faro

Kosmopolitische Stadt mit gut erhaltenem und sehenswertem Altstadtkern.

Faro ist nicht nur die Hauptstadt der Algarve, sondern mit etwa 45 000 Einwohnern auch der größte Ort Portugals südlich der Region Lissabon. Stadt und Hafen orientieren sich zum Atlantik hin, liegen jedoch geschützt hinter einem Gürtel von Sandbänken, die zugleich als Hausstrände dienen. Östlich und westlich von Faro gehen sie in die Lagunen und das Schwemmland der Ria Formosa über.

Das urbane Ambiente des Zentrums und die quirlige Geschäftigkeit des Hafens stehen im Gegensatz zu dem ruhigen Eindruck, den die engen, dicht bebauten Gassen der ummauerten Altstadt mitunter machen. Tatsächlich ist Faro eine lebendige Stadt mit zahlreichen Geschäften, Restaurants, Cafés und Bars, mit sehenswerten Kirchen und historischen Gebäuden. Das gesamte eindrucksvolle Stadtbild bietet der Panoramablick vom Turm der Kathedrale über die Dächer von Faro und bis hinaus aufs Meer.

Geschichte   Gegründet als karthagische Handelsniederlassung, wurde die Siedlung *Ossonoba* von den Römern zu einem Hafen mit eigener Münze ausgebaut. Nach der Eroberung durch die Westgoten 418 begann die Christianisierung unter Bischof Vicente. Auch als im Jahr 714 **Araber** die Herrschaft übernahmen, blieb *Santa María de Ossonoba* in weiten Teilen christlich – und blühte auf. Philosophen wie Al-Alam sowie die Dichter Ibn Ammar und Abul Hárune rühmten das kulturelle Leben. Noch heute nennt sich Faro *Capital dos Poetas e da Poesia*, ›Hauptstadt der Dichter und der Poesie‹. Auch der Name Faro geht auf diese Zeit zurück. Er leitet sich vom Namen des arabischen Fürsten Ibn Hároun ab, der die Hafenstadt im 11. Jh. zum Zentrum eines *Taifa*, eines unabhängigen Reichs im maurischen Spanien, machte.

Doch friesische **Kreuzritter** beendeten diese multikulturelle Phase, indem sie 1217 Faro in Schutt und Asche legten und das Umland verwüsteten. Die offizielle Wiedereingliederung ins christliche Portugal erfolgte 1249 unter Afonso III. Er ließ die innere Stadtmauer um die heutige Cidade Velha, die Altstadt, errichten, die noch

weitgehend erhalten ist bzw. wiederhergestellt wurde. Faro erblühte neuerlich
und wurde 1577 Bischofssitz.

Während der Zeit, als Portugal unter
Felipe II. zu Spanien gehörte, griffen die
Engländer die Atlantikküsten wiederholt
an. 1596 wurde Faro von Truppen des
Herzogs von Essex geplündert und nie-
dergebrannt. Die Engländer nahmen u. a.
die berühmte Bibliothek des Bischofs
Osório mit, die heute Teil der *Bodleiani-
schen Bibliothek von Oxford* ist. Schlimme
Zerstörungen richteten auch verheeren-
de **Erdbeben** in den Jahren 1722 und 1755
an. Mit großem Einsatz kümmerte sich
damals Bischof Francisco Gomes de Avelar (1739–1816) um den Wiederaufbau. Der
Kirchenmann engagierte den italienischen Architekten Xabier Fabri und ließ
Städte und Dörfer der Algarveküste neu
aufbauen. Das Volk dankte es ihm, indem
es ihn den ›Heiligen Bischof‹ nannte, *O
Bispo Santo*.

Das moderne Faro ist längst weit über
die alten Stadtgrenzen hinaus gewachsen, wozu u. a. Handelsschifffahrt, bescheidene verarbeitende Industrie sowie
in zunehmendem Maße der Tourismus
beigetragen haben. Ebenso wichtig ist
die Funktion als **Hauptstadt** der Region
Algarve, die Faro seit 1834 innehat. Ihr
verdankt die in ihrem Kern so sympathische Stadt u. a. die Einrichtung der Algar-
ve-Universität im Jahr 1982, der jüngsten
Alma Mater Portugals.

Besichtigung   Das historische Zentrum
von Faro liegt im Wesentlichen innerhalb
eines von breiten Straßen angedeuteten
Halbkreises an der Küste und gliedert
sich in drei deutlich unterscheidbare Teile: *Vila Adentro*, die Altstadt am Meer,
nordöstlich davon die einstige Mauren-
viertel *Mouraria* und im Norden das Hafenviertel *Bairro Ribeirinho*.

Der wichtigste Platz von Faro ist die
Praça Dom Francisco Gomes ❶, an die
alle drei Stadtviertel grenzen. Die Praça
liegt am geschäftigen Sporthafen. Sonn-
tagvormittags findet hier ein bunter
Flohmarkt statt. Jenseits des verkehrsrei-
chen Platzes öffnet sich ein Gewirr von
Einkaufsstraßen. Hier locken Fischlokale
und Bistros. Das 1908 gegründete **Café
Aliança** ❷ (Rua Dr. Francisco Gómez 9)
das älteste Kaffeehaus Faros, musste 2010
schließen. Doch der Bürgermeisterkandi-
dat Paulo Neves (PS) nutzte es im Kom-
munalwahlkapf 2013 als Begegnungsstät-
te und will es auch zukünftig offen halten.

Orientierungshilfe – der Aufbau des Renaissancetores Arco da Vila am Hafen von Faro

Nicht zu übersehen ist das weiße, kastenförmige Gebäude der Hafenmeisterei am Beginn der Mole. In ihm ist auch das **Museu Marítimo Almirante Ramalho Ortigão** ❸ (Rua da Comunidade Lusíada, Tel. 289 89 49 90, Mo–Fr 14.30–16.30 Uhr) untergebracht. Das Marinemuseum präsentiert die Geschichte der portugiesischen Seefahrt: Dokumentationen zu Leuchttürmen, Bootsbauern und zum Fischfang in der Region werden ergänzt durch Navigationsinstrumente und Schiffsmodelle, darunter der *São Gabriel*. Auf dem Original hatte Vasco da Gama 1498 das Kap der Guten Hoffnung umschifft und war bis Kalkutta gesegelt.

Die Praça Dom Francisco Gomes setzt sich gen Süden im **Jardim Manuel Bivar** ❹ fort. Die Palmenalleen der lang gestreckten Parkanlage verleihen der Stadt ein beinah tropisches Flair. Zwischen Altstadt und Hafeneinfahrt steht das Gebäude des 1909 erbauten ehem. Elektrizitätswerks. Darin ist heute ein modernes Museum der Wissenschaft zum Anfassen untergebracht, das **Centro Ciência Viva do Algarve** ❺ (Rua Comandante Francisco Manuel, Tel. 289 89 09 20, www.ccvalg.pt, Di–So 10–18 Uhr, Kassenschluss 17 Uhr). Es bietet ein unterhaltsames Lernprogramm für Kinder, etwa mit anschaulichen Informationen über das Sonnensystem. Auch physikalische und chemische Prozesse im Meer werden in einer permanenten interaktiven Ausstellung sowie anhand von Experimenten spielerisch erklärt.

Cidade Velha

Die Altstadt ist sehr klein, ihre heutige Bebauung stammt größtenteils aus dem 18. Jh. Die diese Cidade Velha umfassende Mauer geht zwar auf das 13. Jh. zurück, wurde aber nach Zerstörungen durch Kriege und Erdbeben Mitte des 18. Jh. aus römischen, arabischen und mittelalterlichen Überresten rekonstruiert. Das Viertel wird aufgrund der Einfassung auch *Vila-a-dentro*, innere Stadt, genannt. Im Süden des Jardim Manuel Bivar führt der **Arco da Vila** ❻ durch die hier beidseitig mit Häusern zugebaute Mauer ins Herz der Vila, die heute Sitz vieler Behörden ist. Architekt Fabri krönte Ende des 18. Jh. seinen italienisch anmutenden, barocken Torbogen mit einem kleinen offenen Glockenstuhl. Unmittelbar über dem Durchgang wacht in einer Nische die Marmorstatue des hl. Thomas von Aquin. Eine schmale kopfsteingepflasterte Gasse führt vom Portal auf den **Largo da Sé** ❼, den großen Platz mit der lebensgroßen steinernen Standfigur des *Bispo Santo* Francisco Gomes de Avelar vor der Kathedrale. Ringsum erhebt sich eins der schönsten Bauensembles der Algarve.

Im Osten des Platzes steht die recht gedrungene Kathedrale, die **Sé** ❽ (Largo da Sé, Tel. 289 89 83 00, Sommer Mo–Sa 10–18, Winter bis 17 Uhr), die Stilelemente aus Gotik, Renaissance und Barock aufweist. Sie wurde im 13. Jh. auf den Resten einer frühchristlichen Kirche und einer arabischen Moschee er-

Geradlinig und streng beherrscht die Sé, die Kathedrale von Faro, den Kirchplatz

baut. Vom ursprünglich gotischen Bau blieb nach dem Erdbeben 1755 der zur Hälfte eingestürzte Turm mit seinen markanten Spitzbogenportalen zur Vorhalle der Kirche erhalten. Den zerstörten oberen Teil ersetzte man durch einen offenen Glockenstuhl, knapp über der Dachhöhe des Hauptschiffs. Beim Wiederaufbau wurden Lang- und Querhaus im Stil der Renaissance und des Barock ergänzt. Dieses Stilgemisch setzt sich innen fort. Der dreischiffige, dank seiner schlanken Säulen erstaunlich weit wirkende **Innenraum** findet einen würdigen Abschluss im Chor, den eine üppig vergoldete, hölzerne Kassettentonne deckt. Hervorzuheben ist die mittlere Kapelle des südlichen Seitenschiffs, die *Capela de Nossa Senhora do Rosário*. Ihre Wände sind seit Ende des 17. Jh. lückenlos mit weiß-blauen Fliesen verkleidet, auf denen ›Die Flucht nach Ägypten‹ abgebildet ist. Bemerkenswert ist auch die *Capela do Santo Lenho* neben dem Hauptaltar mit dem barocken Kenotaph des Bischofs Antonio Pereira da Silva († 1715), einer interessanten Sammlung von Reliquaren und goldglänzenden Talha-Dourada-Arbeiten. Die *Barockorgel* im Chor, eine deutsche Arbeit des frühen 18. Jh. und 1716–51 vom Portugiesen Francisco Cordeiro bemalt, gehört zu den schönsten Portugals.

An der Nordseite wird der Largo da Sé vom zweistöckigen Bischofspalast **Paço Episcopal** ❾ begrenzt, der beim großen Erdbeben kaum zu Schaden kam. Der strenge Renaissancebau mit der größtenteils weißen Front dient heute als städtisches Verwaltungsgebäude. Im Westen des Largo da Sé liegt sein architektonisches Gegenstück, das unter Fabri neu aufgebaute *Priesterseminar*. Die beiden Bauwerke verbindet der aus dem Jahr 1630 stammende *Arco da Porta Nova*. Der Torbogen führt in eine hübsche kleine Grünanlage zwischen Stadtmauer, Bahngleisen und Meer. In Richtung der Hafeneinfahrt befindet sich auch der Anleger für *Fähren* zu den vorgelagerten Sandbänken wie der Ilha de Faro [s. S. 24].

Hinter der Kathedrale schließt sich die *Praça do Afonso III* mit einem Bronzedenkmal des namengebenden Königs und Eroberers der Stadt an. Die Südostseite nimmt das ehem. Klarissinnenkloster *Convento da Assunção* ein. Es wurde Anfang des 16. Jh. von Eleonora, der dritten Frau von König Manuel I., gegründet. Das Bauprojekt zog sich von 1519 bis 1550 hin. Nachdem die Nonnen den Konvent nach der Säkularisation 1834 verlassen hatten, nutzte vorübergehend eine Korkfabrik das Gebäude. Sein zweigeschossiger Renaissancekreuzgang ist einer der schönsten der ganzen Algarve, die Arkadengänge umgeben ein friedliches, von Hecken eingefasstes Gärtchen. Die angrenzenden Räume beherbergen das **Museu Municipal de Faro** ⑩ (Tel. 289 89 74 00, Juni–Sept. Di–Fr 10–19, Sa/So 11.30–18, Okt.–Mai Di–Fr 10–18, Sa/So 10.30–17 Uhr). Dessen Sehenswürdigkeiten schließen ein prächtiges römisches Bodenmosaik aus dem 3. Jh. von 4 x 10 m Größe ein, das Neptun, den Gott des Meeres, und sein Gefolge darstellt. Außerdem sind Büsten römischer Kaiser, ausgegraben bei Milreu [s. S. 39], mittelalterliches

Kirchengerät und eine Gemäldesammlung mit Werken internationaler Provenienz, vornehmlich des 19. Jh., zu sehen.

Neben dem Museum führt der **Arco do Repouso** ⑪ mit den beiden Wachtürmen nach Osten aus der Altstadt in die *Mouraria*, den maurischen Teil von Faro. Das Tor ist der letzte Rest einer arabischen Stadtmauer aus dem 11. Jh. Ein Fliesenbild neben dem Durchgang zeigt, wie König Afonso III. sich hier ausruhte (*Repouso*, port. Rast), nachdem er 1246 Faro im Namen des Christentums erobert hatte. In einem der Türme kann man die

Barocker Überfluss – mit Blattgold überzogener Talha-Dourada-Altar im Inneren der Sé

Die Igreja do Carmo im Bairro Ribeirinho – ganz in Gold aus der brasilianischen Kolonie

kleine, karg ausgestattete Kapelle *Nossa Senhora do Repouso* aus dem 18. Jh. besichtigen.

Mouraria

Im Osten vor der Altstadtmauer liegt der ausgedehnte, unbefestigte **Largo de São Francisco** 12, auf dem alljährlich in der dritten Oktoberwoche ein riesiger Jahrmarkt abgehalten wird. Anlass ist die *Feira de Santa Iria* zu Ehren der Stadtheiligen. Die Stände mit regionalen Spezialitäten, Kunsthandwerk, Kleidung und Haushaltswaren sowie die Fahrgeschäfte und Tanzbühnen locken Besucher aus der ganzen Region an.

Am nordöstlichen Rand des Platzes liegt die **Igreja de Ordem Terceira de São Francisco** 13, eine nach dem Erdbeben im 18. Jh. neu aufgebaute und in der Folgezeit erweiterte Kuppelkirche. Der prächtige Altarraum ist in üppigem Rokoko ausgestattet. Die blau-weißen Azulejos an der Decke zeigen die Krönung Mariä, an den Seitenwänden sind einige Szenen aus dem Leben des hl. Franziskus dargestellt.

Hinter der Kirche lädt die Fußgängerzone mit modernen Geschäften und internationalem Warenangebot zu einem Bummel ein. Dazwischen hat sich auch noch manch kleiner Laden mit traditioneller Ausstattung erhalten. An der geschäftigen *Praça da Liberdade* ist im recht nüchternen Gebäude der Distriktversammlung das ethnografische Museum **Museu Regional do Algarve** 14 (Tel. 289 87 98 03, Mo–Fr 10–13.30 und 14.30–18 Uhr) untergebracht. Ausgestellt sind Architekturmodelle typischer Bauformen sowie Trachten und Arbeitsgeräte, die vom Alltag der Bauern und Fischer in der Zeit vor der großen Tourismuswelle im 20. Jh. berichten.

Bairro Ribeirinho

Die von belebten Bars und Restaurants umgebene *Praça Ferreira de Almeida* trennt das Mauren- vom Hafenviertel. Letzeres ist wegen seiner bunten Gassen äußerst beliebt. In fröhlichem Durcheinander reihen sich hier moderne und alte Wohnhäuser, kleine Geschäfte, Büros, Hotels und einfache Lokale aneinander, umtost vom chaotischen Verkehrsgewühl. Zum Hafen hin wird das Viertel von der stark befahrenen *Avenida da República* begrenzt. Mitten im Stadtteil liegt an der *Praça de São Pedro* die **Igreja de São Pedro** 15 aus dem 16. Jh. Die mit Azulejo-Tableaus und Talha-Dourada-Schnitzwerk geschmückte dreischiffige Renaissancekirche ist dem Schutzheiligen der Fischer geweiht.

Den nördlichen Abschluss des Bairro Ribeirinho bildet der hell-dunkel gepflasterte *Largo do Carmo*. An ihm erhebt sich etwas erhöht über einer Freitreppe die barocke **Igreja do Carmo** ⑯ (Largo do Carmo, Tel. 289 82 44 90, Mo–Fr 10–13 und 15–17, Sa 10–13 Uhr) von 1719. Die Türme der Doppelturmfassade sind jeweils mit Uhren und offenen Glockengeschossen geschmückt von kleinen barocken Zwiebelhauben gekrönt. Die Ausstattung des einschiffigen **Innenraumes** spiegelt den unerhörten Reichtum wider, den Faro als Hafenort zu Zeiten des Brasilienhandels, vor allem im 18. Jh., erlangt hatte. Sowohl der Hauptaltar als auch die vier Seitenaltäre sind fast vollständig aus vergoldetem Schnitzwerk. Vom algarvischen Künstler Manuel Martins (18. Jh.). stammt der ›Triumphzug‹, eine Gruppe von neun Statuen. Im Kirchhof zieht die **Capela dos Ossos** alle Aufmerksamkeit auf sich. Die Kapelle wurde 1816, nach der Auflösung eines hiesigen Klosters, aus den Knochen von 1245 Mönchen errichtet. Geht der Besucher an den beinernen Wänden entlang, schaut er in die dunklen Augenhöhlen der Totenschädel und kann sich die Inschrift über dem Eingang zu Gemüte führen: »Halte ein und bedenke, dass auch du diesen Zustand erreichen wirst.«

Cidade Novo

Jenseits der alten Viertel von Faro dehnt sich seit Ende des 19. Jh. die **Neustadt** aus. Sie ist um Adelspaläste herum gewachsen, die heute etwas verloren wirken zwischen den modernen Bauten, dem Stadttheater und weitläufigen Parkanlagen. Hier, im Nordosten, liegt auch der **Mercado Municipal de Faro** (Largo Dr. Francisco Sá Carneiro, www.mercadomunicipaldefaro.pt), eine moderne Markthalle mit traditionellen Ständen, vielen Geschäften, Cafés und Restaurants.

Ilha de Faro

Stadtauswärts überbrückt die Flughafenstraße Sandbänke und Priele und zweigt ab zur 8 km entfernten Ilha de Faro. Der rund 50 m breite, steil ins Wasser abfallende Sandstreifen ist eigentlich die östliche Verlängerung der Halbinsel *Ilha do Ancão* und dient als Hausstrand der Städter. Fischerhütten, Badehäuschen, kleine Bungalows, wenige Ferienvillen und einige Lokale säumen die gut 3 km lange, auf der Landzunge verlaufende Straße. Vor allem an den Sommerwochenenden ist der Ansturm von Menschen und Autos enorm. Will man den dann üblichen Stau an der Brücke und die beinahe aussichtslose Parkplatzsuche meiden, setzt man mit einer der Fähren über, die regelmäßig vom Sporthafen zur Ilha de Faro verkehren. 20 Minuten dauert der Ausflug.

Wer an der Fahrt durch das Lagunengebiet der Ria Formosa Gefallen gefunden hat, bleibt einfach noch an Bord und gelangt nach weiteren 25 Minuten zu den ruhigeren Sandstränden der **Ilha do Farol** und der östlich gelegenen **Ilha da Culatra**. Die zwei Sandbänke sind im Laufe der Zeit durch stetige Sedimentablagerungen zu einer Insel zusammengewachsen und nur auf dem Wasserweg zu erreichen. Sie werden auch von Olhão [s. S. 43] aus angesteuert.

ℹ️ Praktische Hinweise

Information

Posto de Turismo, Rua da Misericórdia 8–12, Faro (neben dem Arco da Vila), Tel. 289 80 36 04, www.cm-faro.pt

Informationsbüro am Flughafen, Tel. 289 81 85 82, www.cm-faro.pt

Ewig erinnern die Knochenmauern der Capela dos Ossos an die Vergänglichkeit

---

Gut beschirmt genießt man in den Straßencafés von Faro die südliche Sonne

Hotels

****Hotel Eva**, Avenida da República 1, Faro, Tel. 289 00 10 00, www.tdhotels.pt. Das große Luxushotel am Sporthafen bietet eine hervorragende Aussicht über die Jachten hinaus. Mit Gratis-Busservice zum Strand.

***Hotel Dom Bernardo**, Rua General Teófilo da Trindade 20, Faro, Tel. 289 88 98 00, www.bestwesterndombernardo.com. Zentral gelegenes Stadthotel mit gemütlichem Aufenthaltsraum und freundlich eingerichteten Zimmern sowie mit Cafeteria und Gratis-Parkplatz.

***Pensão Residencial Madalena**, Rua Conselheiro Bivar 109, Faro, Tel. 289 80 58 07. Charmant altmodische Pension im Bairro Ribeirinho.

Hospedaria São Filipe, Rua Infante Dom Henrique 55, Faro, Tel. 289 82 41 82, www.residencialfaro.com. Einfaches, persönlich geführtes Gästehaus in der Nähe von Bahnhof und zentraler Busstation.

Restaurants

Adega Nortenha, Praça Ferreira de Almeida 25, Faro, Tel. 289 82 27 09. In diesem bodenständigen Lokal munden besonders die Fischgerichte und die Schweinekasserole.

Adega Nova, Rua Francisco Barreto 24, Faro, Tel. 289 81 34 33, www.restaurante adeganova.com. Ein alter Weinkeller von der Größe einer Fabrikhalle, voll lärmender, gut gelaunter Fröhlichkeit.

Cidade Velha, Rua Domingos Guieiro 19, Faro, Tel. 289 82 71 45. Das gemütliche Lokal in der Altstadt rühmt sich des Schweinfilets mit Datteln und Walnüssen in Portweinsauce (So geschl.).

Faro e Benfica, Docas de Faro, Faro, Tel. 289 82 14 22. In diesem Restaurant am Ende der Hafenmole sitzt man wie auf einem Ausflugsdampfer zwischen Wasser und Himmel. Frische Meeresfrüchte.

Taska, Rua do Alportel 38, Faro, Tel. 289 82 47 39. Nettes Restaurant mit guter regionaler Küche, darunter auch erschwingliche Tagesgerichte.

2 Quinta do Lago

Exklusives Golferdorado in paradiesischer Parklandschaft am Meer.

Am westlichen Rand der Ria Formosa, kaum eine halbe Stunde vom Flughafen Faro entfernt, liegt Quinta do Lago (www.quintadolago.com), eine der exklusivsten **Feriensiedlungen** Europas. Die dazu gehörenden drei international renommierten **18-Loch-Golfplätze** mit Driving Ranges und Golf-Akademie ziehen Weltmeister wie Anfänger an. Auf insgesamt 640 ha können sich Erholungsuchende

Wer auf dem gepflegten Golfplatz von Vale do Lobo unter Par (72) spielen will, muss auch über Stock und Stein bzw. über Felsen und Schluchten schlagen

Golf im Tal des Wolfes

Als die **Engländer** Anfang des 20. Jh. die ersten zivilen Kolonien an der Algarve gründeten, brachten sie auch ihre Vorliebe für den Golfsport mit. Wie passend, dass gerade in den Monaten November bis März, wenn auf der heimischen Insel niemand das Haus ohne Regenschirm verlässt, an der Algarve die beste Zeit für Golf ist.

In den letzten Jahrzehnten sind an der Algarve rund 40 **Golfplätze** entstanden, die allesamt internationale Anerkennung finden. Bekannte Landschaftsarchitekten wie Sir Henry Cotton haben die Greens zwischen Felsenbuchten, Dünen, Pinienwäldchen oder kleinen Wasserläufen angelegt und kombinierten dabei perfekt die großartige Landschaft mit den Anforderungen des Sports. Die Varianten reichen von dem in die Lagunenlandschaft der Ria Formosa eingepassten Golfplatz **São Lourenço** (bei Almancil) über die lieblichen Parklandschaften in **Penina** (bei Alvor) oder das in einem uralten Baumbestand liegende **Vale da Pinta** bei Lagoa bis hin zu dem reliefreichen, herben **Parque da Floresta** in Vila do Bispo.

Für die meisten Plätze an der Algarve ist keine Clubmitgliedschaft erforderlich und die Zulassungsregeln sind wenig restriktiv. So kann man hier unbeschwert ausprobieren, wie die Kombination von Spaziergang an frischer Luft – immerhin ist ein durchschnittlicher 18-Loch-Course um die 6 km lang – und sportlicher Präzision gefällt.

und Golfbegeisterte zwischen Kiefernwäldchen, kleinen, sorgfältig angelegten Seen und malerischen Schilfpflanzungen ergehen, dazwischen liegen Villen und Bungalows weit verstreut. Vom Meeresufer führt eine 320 m lange Holzbrücke zu einer Sandbank mit der **Praia do Ançao**. Der wunderschöne, lange Sandstrand ist oft in weiten Teilen menschenleer, obwohl er wie alle Strände Portugals öffentlich zugänglich ist.

Gelegenheit zum Shopping bietet ein an der Einfahrt zum Gelände der Quinta do Lago liegendes *Einkaufszentrum*, eines der elegantesten Portugals. Hier erhält man schlichtweg alles: komplette Golfausrüstungen, ausländische Tageszeitungen oder die adäquate Robe für den abendlichen Kasinobesuch im nahen Vilamoura.

Vale do Lobo

In einer guten Dreiviertelstunde gelangt man zu Fuß am Strand entlang Richtung Westen zum Vale do Lobo. Goldfarbene Sandsteinfelsen zwischen bepflanzten

Dünen künden das zweite **Luxusresort** am hiesigen Küstenabschnitt an.

Die ›Tal des Wolfes‹ genannte Anlage wurde 1962 errichtet und wird ständig erweitert. Exklusive Ferienhäuser und Ferienapartments liegen locker verteilt zwischen den zwei **18-Loch-Golfplätzen**, dem *Royal Course* und dem *Ocean Course*. Das faszinierende Fotomotiv von Loch 16 des Royal Course, bei dem der Ball über eine 130 m breite Schlucht der Steilküste geschlagen werden muss, darf in keiner Algarve-Werbung fehlen. In der Mitte des rund 400 ha großen Geländes befinden sich die Rezeption (www.valedolobo.com, Tel. 289 35 33 33), das Clubhaus sowie einige Geschäfte, Restaurants und Bars. Auch andere Sportarten, wie Tennis (auf 14 Pätzen), Yoga, Minigolf und Spielplätze gehören zum Angebot.

ℹ️ Praktische Hinweise

Reiten

Centro Hípico, Avenida Ayrton Senna, Quinta do Lago, Tel. 289 39 60 99. Ganzjährig angeboten werden Reitunterricht, spezielle Kinderkurse, sowie Ausritte am Strand und in die Umgebung. Zum Reitstall gehören auch Bar und Restaurant.

Hotels

*****Quinta do Lago**, Tel. 289 35 03 50, www.hotelquintadolago.com. Exklusives Luxushotel in der gleichnamigen Anlage. Helle, freundlich eingerichtete Zimmer und Suiten. Swimmingpool und großes Sportangebot.

Vilar do Golf, Quinta do Lago, Tel. 289 35 20 00, www.diamondresorts. com/Vilar-do-Golf. Komfortable Ferienhausanlage. Gäste haben Zugang zu allen Einrichtungen von Quinta do Lago.

Restaurant

Julia's, Praia do Garrão, Almancil, Tel. 289 39 65 12, www.julias-algarve.com. Restaurant und Bar in exklusiver Strandlage. Geboten werden exzellente Meeresfrüchte und frischer Fisch.

3 Almancil

Kulturinsel inmitten von Verkehrschaos.

Rund 13 km westlich von Faro, wo die Schnellstraße vom Flughafen in die große Küstenstraße EN 125 übergeht, liegt

Die wahre Fliesenpracht wartet im Inneren der Igreja de São Lourenço dos Matos in Almancil

Selbst die Kuppel der Igreja de São Lourenço dos Matos ist mit Azulejos geschmückt

die Kleinstadt Almancil (11 000 Einw.). Der alte Dorfkern verschwindet fast zwischen all den aus dem Boden geschossenen Vorortsiedlungen, ihren Autobahnzubringern und den Straßen zu den exklusiven Golfresorts. Der Ort breitet sich mit seinen Neubauvierteln auch immer mehr in die Umgebung aus, zugleich hat er aber kein wirkliches Zentrum mehr. Das meiste Leben spielt sich noch an der Durchgangsstraße EN 125 ab, welche die meisten Restaurants und Geschäfte aufweist. Einst war Almancil berühmt für seine charakteristische **Keramik** mit schwarzer Malerei auf ockerfarbenem Grund. Der eigentliche Anziehungspunkt von Almancil ist allerdings die Kirche São Lourenço. Sie steht Richtung Faro im östlichen Ortsteil São Lourenço dos Matos direkt an der Hauptstraße. Der Weg dorthin ist gut ausgeschildert.

TOP TIPP Die von außen so schlichte, kuppelgekrönte weiße **Igreja de São Lourenço dos Matos** (Tel. 289 39 54 51, Mo 14.30–17, Di–Sa 10–13 und 14.30–17 Uhr, Dez./Jan. meist geschl.) aus dem 16. Jh. birgt eine der wertvollsten Ausstattungen mit Azulejos in ganz Portugal. Blauweiße Fliesen bedecken die Wände, das Tonnengewölbe, den Chor samt Kuppel und die Seitenaltäre des einschiffigen Kirchenraums. Diese in ihrer Fülle überwältigenden Kunstwerke gestaltete 1730 Policarpo de Oliveira Bernardes. Auf den Fliesen entfalten sich bewegte Szenen aus dem Leben des hl. Laurentius, eines Heiligen aus dem 3. Jh. Man sieht seine Wunderheilungen und die barmherzige Almosenvergabe. Laurentius hatte auf Geheiß des gefangenen Papstes Sixtus den Kirchenschatz an Arme verschenkt. Und zuletzt sieht man sein Martyrium auf dem Rost, angeordnet vom römischen Kaiser Valerian. Über dem Hauptaltar aus Marmor erstrahlt ein üppiger Talha-Dourada-Aufsatz, in der Mitte die Statue des triumphierenden Christus.

Gleich neben der Kapelle reihen sich entlang der abschüssigen Dorfstraße die unscheinbaren weißgekalkten Häuschen des ehemaligen **Centro Cultural de São Lourenço** (Rua da Igreja s/n) aneinander. Die über 200 Jahre alten Landarbeiterbehausungen, die im Inneren miteinander verbunden sind, bildeten seit 1981 eine Kombination aus Kunstgalerie und Kulturzentrum. Regelmäßig fanden hier Wechselausstellungen von Künstlern aus ganz Portugal und anderen europäischen Ländern sowie hochkarätige Konzerte statt. Gegründet wurde das Zentrum, das wichtige Impulse für die gesamte Region lieferte, vom Deutschen Volker Huber, nach dessen Tod seine Ehefrau Marie die Leitung übernahm. Doch seitdem sie sich 2012 aus Altersgründen entschloss, die Galerie zu schließen ist die Zukunft des Kulturzentrums ungewiss. Die renommierte Lissabonner **Galeria São Mamede** (Vale do Lobo, Tel. 289 35 34 10, www.saomamede.com, Mo–Fr 9–18 Uhr), die es zwischenzeitlich für Ausstellungen nutzte, zog um ins zentraler gelegene Vale do Lobo.

Der Talha-Dourada-Altar der Igreja de São Lourenço dos Matos tritt fast in den Hintergrund

Anmutige Kunstwerke: Azulejobilder schmücken den Garten von Estói

über, mehrere Farben nebeneinander auf größere Tonplatten aufzutragen. Dazu wurden eingefettete Schnüre in den noch feuchten Ton gedrückt, um das Ineinanderlaufen der verschiedenen Farben zu verhindern – die **Corda-seca-Technik**. Nach ihren Mosaikvorläufern nannte man die bunten Fliesen **Azulejos**.

Seit im 16. Jh. der Italiener Nicoloso in Faenza die **Fayence-** oder **Majolika-Technik** erfunden hatte, konnten komplexere Motive und Bildkompositionen direkt auf die Fliesen aufgebracht werden. Dafür wurden vorgebrannte Tonfliesen mit einer weißen Zinnlasur bestrichen, die man mit einem Pinsel farbig bemalte. Während der Regierungszeit des spanischen Königs Felipe II. (1556–98) verbreiteten flämische Keramiker diese Technik in Portugal. Von holländischem Einfluss zeugt auch eine Mode Ende des 17. Jh. bis Mitte des 18. Jh., als die Fliesen in Portugal weißblau gestaltet wurden. Vor allem die der Gegenreformation verpflichteten Jesuiten ließen die Wände ihrer barocken Paläste und Kirchen statt mit üppigen Wandteppichen mit ebenso bildreichen wie praktischen, weil isolierenden **Azulejo-Tapetes**, Azulejotapeten, verkleiden. Eines der schönsten Beispiele für großflächige Azulejo-Tableaus findet sich in der Kirche São Lourenço von Almancil [Nr. 3]. Heutzutage statten Lokale ihre Innenräume gerne mit Fliesenschmuck aus, auch um sich damit auf Jahrzehnte den Anstrich zu sparen.

Anfang des 19. Jh. machten ausgefeiltere Brenntechniken die Fliesen witterungsbeständiger. Seither werden Azulejos auch zur Gestaltung von **Fassaden** verwendet. Vor allem im feuchten Norden des Landes, aber auch im Fischerviertel von Olhão [Nr. 9] ist ein Teil der einfachen Häuser mit Fliesen verkleidet. Die Dekoration von öffentlichen Gebäuden mit Fliesen ist und bleibt eine portugiesische Spezialität. Vor allem die Bahnhöfe, z. B. der von Lagos [Nr. 35], sind sehenswert.

Azulejos – gebrannte Tapeten

Im Arabischen bezeichnet **Az-zulaij** einen kleinen, bemalten, polierten Stein. Aus vielen solcher Steinchen schufen die Mauren ab dem 8. Jh. auf der Iberischen Halbinsel kunstvolle Mosaike, prächtige geometrische Muster in schier endlosen Variationen. Diese steinernen Teppiche schmückten bevorzugt Moscheen und öffentliche Gebäude.

Statt einzelne Steine zu verarbeiten, ging man im späten Mittelalter dazu

i **Praktische Hinweise**

Hotel

Quinta dos Rochas, Fonte Coberta (ca. 3 km südwestlich, an der Straße von Almancil nach Quarteira),

Tel. 289 39 31 65. Ländlich gelegen in hübschem Gebäude mit zehn traditionell eingerichteten Doppelzimmern. Swimmingpool im großen Garten. Guter Ausgangspunkt für Ausflüge in die Umgebung (Okt.–März geschl.).

Restaurants

Aquarelle, Pereiras de Almancil (2 km westlich von Almancil), Tel. 289 39 79 73. Stets frische französische Küche in gepflegter Atmosphäre (So geschl.)

O Ribeiro, Rua Jose Vicente de Brito 42, Almancil, Tel. 289 39 56 97. Einfaches Grill-restaurant mit wohlschmeckender, deftiger portugiesischer Küche. Fisch- und Fleischgerichte.

4 Santa Bárbara de Nexe

Villendorf mit sehenswerter Kirche.

Eine schmale Landstraße führt parallel zur Autobahn A 22 von Estói nach Loulé an Berghängen entlang und eröffnet Kurve für Kurve neue Ausblicke auf die Küstenebene und die Ria Formosa. In Santa Bárbara de Nexe bildet sie schließ-lich mit einem von Faro kommenden Sträßlein die zentrale Ortskreuzung. Ge-nau hier liegt die kleine, dreischiffige **Igreja Matriz** aus dem 15. Jh. Sie weist im Inneren an Decke und Wänden die typi-schen Dekorationen der manuelinischen Zeit auf, in der Seemannsknoten und verschlungenes Tauwerk den Kirchen-schmuck bereicherten.

Viele Portugiesen, Engländer und Deut-sche besitzen in dem ehemals unschein-baren Santa Bárbara de Nexe ein Ferien-häuschen; entsprechend weitläufig dehnt sich die lockere Bebauung nach Norden aus. Der Ort ist beliebt, nicht nur wegen der Nähe zur Autobahn nach Lissabon und zum Flughafen von Faro, sondern auch wegen seiner Lage etwa 300 m über dem Meer, die bereits etwas vom frischeren Klima der Berge ahnen lässt.

i Praktische Hinweise

Hotel

***Quinta do Atlântico**, zwischen Loulé und Santa Bárbara, Tel. 289 99 94 85, www.algarve-domizil.de. Erholung pur in ländlicher Umgebung. Jedes der sie-ben Zimmer des kleinen Hotels verfügt über Südterrasse oder -balkon und einen schönen Blick aufs Meer.

Restaurant

A Canga, Santa Bárbara de Nexe, Tel. 289 99 97 55. Einfaches Ausflugslokal mit großer Terrasse am westlichen Ortsrand von Santa Bárbara.

5 Loulé

Lebendiger Marktort mit Überresten einer Maurenburg und samstäglicher Treffpunkt.

Dicht drängen sich die Häuser von Loulé (27 000 Einw.) in den Hügeln der *Serra de Monte Figo*. Rund 18 km landeinwärts gelegen, füllt sich das Wirtschaftszent-rum der ländlichen Gegend vor allem an Samstagen mit Bauern und Touristen aus dem Umland und von der Küste, die zum traditionellen Markt strömen. Viel los ist auch im Februar, genauer gesagt an den vier Tagen vor Aschermittwoch, wenn in Loulé lautstark und ausgelassen **Carna-val** gefeiert wird. Am Samstag, Sonntag und Dienstag zieht jeweils ein farbenfro-her Umzug durch die Straßen.

Geschichte Im 8. Jh. gründeten Mauren an dieser Stelle die Siedlung *Al-Ulya*, zu deren Schutz sie eine Burg, das Castelo,

Orientalisch muten die Hufeisenbogenfenster am Marktgebäude von Loulé an

Ein Kupferschmied geht in der Altstadt seinem traditionellen Handwerk nach

Besichtigung Buntes Leben entfaltet sich tagsüber um die langgezogene **Praça da República** ❶ inmitten der Altstadt. Im Südosten geht die Praça da República in den *Largo de Gago Coutinho* über, an dessen Südseite sich der **Mercado** ❷, öffnet. Von Montag bis Freitag herrscht reges Treiben in dem einstöckigen neomaurischen Zweckbau, der mit seinen Hufeisenbogenfenstern einen Hauch von Orient verbreitet. Der Samstagsmarkt breitet sich mit einer Vielzahl zusätzlicher Stände dann auch in den angrenzenden Straßen aus. Zum Angebot des Marktes gehören an allen Tagen Obst und Gemüse, Fisch und Fleisch. Da locken tiefrote Tomaten neben reifen, süßen Melonen, am nächsten Stand gibt es fangfrische Langusten zu kaufen – das Angebot ist vielfältig. Hinter dem Markt beginnen die Avenida José da Costa Mealha und der moderne Teil der Stadt.

Westlich der Praça da República gehen enge kopfsteingepflasterte Geschäftsstraßen ab, in denen flaniert, gehandelt und gearbeitet wird. Loulé ist bekannt für seine zahlreichen Handwerksbetriebe. Samstags drängen Schau- und Kauflustige durch die **Rua 5 de Outubro** ❸ oder die **Rua da Barbaça** ❹, vorbei an den Läden der Töpfer, Sattler und Kupferschmiede. Dann finden sich Eisverkäufer ein, preisen fliegende Händler ihre Waren an, bieten Straßenverkäufer Luftballons und marokkanische Ledertaschen feil. Als

errichteten. Frühere römische oder westgotische Ursprünge werden vermutet, sind aber nicht belegt. Nachdem die christlichen Santiago-Ritter die Festung 1249 erobert hatten, ließ sie Großmeister Paio Peres Correia mit einer Mauer befestigen. Unter König Dinís erhielt Loulé 1291 das *Marktrecht*, das dem Ort bis heute Handel und Wohlstand brachte.

Großflächige Azulejotableaus in der Capela de Nossa Senhora da Conceição

Andenken oder Mitbringsel sind handgefertigte Korbwaren, Kerzen, Keramik und preiswerte Ledererzeugnisse beliebt.

Von der maurischen Burg, dem **Castelo** ❺ (Rua Payo Peres Correia 17, Mo–Fr 10–12 und 15–17, Sa 10–12 Uhr) nahe dem heutigen *Largo Bernardo Lopes*, sind nach dem Erdbeben von 1755 nur noch ein Mauerstück, der an seinem Fuß liegende Wohnbereich und zwei Viereckstürme erhalten. Über eine Innentreppe kann man die Plattform eines der beiden *Torre* erklimmen, von der aus sich ein bezaubernder Blick über die Dächer der Stadt bietet.

Der ebenerdige Wohnbereich der Burg diente in maurischer Zeit als *Alcaidaria*, als Rathaus. Heute beherbergt es das **Museu Municipal** ❻ (Tel. 289 40 06 00, Mo–Fr 9–17.30, Sa 9–14 und 15–17 Uhr), in dem arabische Münzen, Mosaike und andere archäologische Funde aus der Region ausgestellt werden. Zudem wird die in Loulé traditionelle Verarbeitung von getrockneten Feigen, Mandeln und Johannisbrot dokumentiert. Einfache bäuerliche Arbeitsgeräte und einige Musikinstrumente sind ebenfalls zu sehen.

Im benachbarten, im 17./18. Jh erbauten und 1836 säkularisierten Heilig-Geist-Kloster residiert die **Galeria de Arte do**

Convento do Espírito Santo ❼ (Mo–Fr 9–17.30, Sa 9–14 und 15–17.30 Uhr). Sie zeigt Werke von Künstlern der Region.

Gegenüber der Alcaidaria befindet sich die kleine Gebetskapelle **Nossa Senhora da Conceição** ❽ (Mo–Fr 14–17.30, Sa 10–14 Uhr). Den winzigen Raum dominiert ein üppig geschnitzter Talha-Dourada-Altar. Die flächendeckend gefliesten Wände zeigen Szenen aus dem Leben der Jungfrau Maria (18. Jh.), den Abschluss bildet ein Deckengemälde des Malers Joaquim José Rasquinho von 1841.

Hauptkirche des Ortes ist die **Igreja Matriz de São Clemente** ❾ im Süden der Altstadt. Sie entstand im 13. Jh. auf den Resten einer zerstörten Moschee. Während der Eingangsbereich noch gotisch geprägt ist, wurde das restliche Gebäude in den folgenden Jahrhunderten mehrfach umgebaut. Die große dreischiffige Kirche berührt mit ihrer beachtenswerten Innenausstattung mehrere Epochen der Kunstgeschichte, anschaulich nachzuvollziehen anhand der Seitenkapellen. Die *Capela das Almas* im Stil der Renaissance birgt wertvolle polychrome Azulejos (17. Jh.) und eine ausdrucksvolle Marienstatue, die manuelinisch ausgeschmückte *Capela São Brás* aus dem 16. Jh. einen barocken Altar. In der eben-

Die Markthalle liefert frisches Obst und Gemüse – und die Neuigkeiten der Region

falls im manuelinischen Stil verzierten *Capela Santo António* kann man noch das gotische Fenster bewundern, die Wände sind mit Fliesenbildern des 18. Jh. versehen. Azulejos aus dem 17. Jh. schmücken das Allerheiligste im Chor.

Die Osterwallfahrt führt von Loulé zur Capela de Nossa Senhora da Piedade

In der Avenida Marçal Pacheco erhebt sich die **Igreja da Misericórdia** ❿. Besonders schön ist ihr manuelinisches Eingangsportal, eingefasst von dickem steinernen Tauwerk und gekrönt von Ananasfrüchten, sowie das ebenfalls im 16. Jh. gefertigte, filigran gravierte Granitkreuz im Vorhof. Vom gotischen **Convento de Graça** ⓫, dem ehem. Kloster an der Praça Tenente Cabeçadas, ist nur noch die Fassade erhalten. Den Scheitel des auffälligen Spitzbogenportals schmückt ein plastisch herausgearbeiteter Drudenfuß, ein Pentagramm, das Geister abschrecken soll.

2 km westlich von Loulé liegt in Richtung Boliqueime auf einem Hügel die weiße Wallfahrtskirche **Capela de Nossa Senhora da Piedade** aus dem 16. Jh. Die Renaissance-Kapelle mit Kuppel ist ›Unserer erbarmungsreichen Frau‹ geweiht. Sie ist die Schutzpatronin der Algarve. Oft bedanken sich Gläubige für die Erhörung ihrer Gebete mit Blumen und Votivtafeln. Alljährlich am zweiten Sonntag nach Ostern ist die Kapelle Ziel der populären Wallfahrt *Romaria da Mãe Soberana*.

ℹ️ Praktische Hinweise

Information

Posto de Turismo, Avenida 25 de Abril 9, Loulé, Tel. 289 46 39 00, www.cm-loule.pt

Hotels

***Jardim**, Praça Manuel de Arriaga, Loulé, Tel. 289 41 30 94. Die Architektur des Hotels mit 52 Zimmern zu moderaten Preisen greift den maurischen Stil auf. Seine Besonderheit ist die schöne Dachterrasse mit Pool.

Cavaco, Largo São Franciscos 44, Loulé, Tel. 289 46 26 17, http://residencial restaurantecavaco.pt. Ordentliche Pension in der Innenstadt.

Restaurants

A Muralha, Rua Martim Moniz 41, Loulé, Tel. 289 41 26 29. Gutes Grillrestaurant an der Stadtmauer (So geschl.).

Casa dos Arcos, Rua Sá de Miranda 23, Loulé, Tel. 289 41 67 13. Unter altem Ziegelgewölbe werden köstliche Meeresfrüchte und Fischspezialitäten serviert.

TOP TIPP   **Museu do Lagar**, Largo Batalhão Sapadores Caminho Ferro 7, Loulé, Tel. 289 42 27 18, Rustikales Spezialitätenlokal für Fisch und Meeresfrüchte in historischer Ölmühle gegenüber der Igreja Matriz de São Clemente, jeden Fr gibt es Live-Musik.

6   Querença und Salir

Reizvolle Bergdörfer in der grünhügeligen Serra do Caldeirão.

Nördlich von Loulé liegen mehrere reizvolle Dörfer an den bewaldeten Hängen der südlichen Ausläufer der **Serra do Caldeirão**. Die Landstraße 396 führt von Loulé aus ins Hochland, wo Eichen, Eukalyptus- und Erdbeerbäume stehen. Die Täler werden landwirtschaftlich genutzt, zwischen Feldern sieht man immer wieder Mandelbaumpflanzungen.

Querença, 11 km nordöstlich von Loulé, liegt nicht besonders hoch (276 m): In einem breiten Tal erhebt sich isoliert der kleine Bergkegel, auf dem der nette, ruhige Ort erbaut wurde. Auf seiner abgeflachten Spitze liegt die Kirchplatz, an dem alle Gassen und die Durchgangsstraßen zusammentreffen. Für den hangaufwärts kommenden Besucher hebt sich die **Igreja da Nossa Senhora da Assunção** weiß leuchtend vor dem blauen Himmel ab. Das ursprünglich aus dem 16. Jh. stammende einfache Gotteshaus wurde im 18. Jh. teilweise erneuert. Schlicht sind das manuelinische Portal sowie im Inneren die naiv anmutenden Heiligenfiguren aus dem 18. Jh. z. B. über dem Eingang, nicht aber die barocken Talha-Dourada-Altäre.

Ein besonders schöner Spaziergang ist der Ausflug zur **Fonte da Benémola**, einem geschützten Naturdenkmal knapp 2 km westlich von Querença. Wo die Straße nach Tôr den kleinen Fluss Menalva erreicht, beginnt ein unbefestigter Fußweg, der durch das niedrige Buschwerk am Flussufer zu einer Karstquelle führt. Klares Wasser sprudelt in einen Teich. Die üppige Vegetation von Zistrosen, Ilex, Weiden, Oleander sowie Macchia mit Rosmarin und Thymian bereichert die Kulisse sogar in den heißen Sommermonaten. Unweit der Quelle plätschert das Flüsschen als kleiner Wasserfall von einer Staustufe herab. Daneben lädt ein Picknickplatz zum Verweilen ein. Bergauf führt ein steiler Pfad bzu einigen kleineren Höhlen, die hübsche Namen wie *Igrejinha dos Mouros*, ›Maurenkirchlein‹, tragen. Ohne Taschenlampe und Ausrüstung sollte man jedoch nicht weiter als ein paar Meter in diese Höhlen hineingehen, auch um die dort lebenden Fledermäuse nicht zu stören.

Gut 10 km weiter nordwestlich winden **TOP TIPP** sich die malerischen Gassen von **Salir** unterhalb einer maurischen Burgruine um einen 267 m hohen Bergrücken. Einst wurde von hier aus die gesamte Algarve beherrscht, doch Mitte des 13. Jh. eroberte Paio Peres Correia, Großmeister des christlichen Santiagoordens, die wichtige maurische Festung. Der Zahn der Zeit ließ von der trutzigen Anlage lediglich einen Turm und ein paar Mauern stehen. Heute ist Salir ein stilles Dorf, durch dessen beschauliche Gassen höchstens ein paar Sommergäste und Wanderer bummeln. Einen Besuch wert ist das **Centro Interpretativo de Arqueologia** (Largo Pedro Días, Tel. 289 48 91 37, Mo–Fr 9–12.30, 14–17.30, Sa/So 9–14 Uhr), das in einem spektakulären Glasbau nahe der Burg residiert und archäologische Funde aus der Umgebung präsentiert.

Im nahen Dörfchen Pena an der EN 124 ist in einem restaurierten alten Schulgebäude mit Pagodendach das Natur-Informationszentrum **Centro Ambiental da Pena** (Tel. 289 48 98 49, http://capena. no.sapo.pt, unregelmäßig geöffnet) eingerichtet. Dort erhält man neben Informationen zur einheimischen Fauna und Flora auch Wanderkarten für die Gegend. Ein beliebtes Wander- und Kletterrevier ist z. B. zwischen Salir und Benafim der bis

Eine liebliche Landschaft erwartet den Wanderer in der Umgebung nördlich von Salir

TOP TIPP zu 479 m aufragende Bergstock **Rocha da Pena**. Von den Weilern Rocha und Penina aus kann man auf nicht ausgeschilderten Pfaden eine etwa 5 km lange Rundwanderung über den unter Naturschutz stehenden ›Fels der Schmerzen‹ unternehmen. Der Aufstieg ist nur mäßig schwer, doch festes Schuhwerk ist nötig. Vom Hochplateau des Kalkfelsens aus sieht man an klaren Tagen über bewaldete Täler und felsige Höhen bis zur 30 km entfernten Küste.

Praktische Hinweise

Information

Posto de Turismo, Largo da Igreja, Querença, Tel. 289 42 24 95, www.cm-loule.pt
Posto de Turismo, Largo Pedro Días, Salir, Tel. 289 48 91 37, www.cm-loule.pt

Hotels

A Tia Bia, Barranco do Velho, Salir (ca. 5 km nordöstlich von Querença), Tel. 289 84 64 25. Das an einer Kreuzung gelegene Gasthaus ist ein idealer Ausgangspunkt für Wanderungen durch die Kiefern- und Steineichenwälder der Gegend. Im hoteleigenen Restaurant gibt es gute ländliche Gerichte, z. B. Kaninchen im Kürbis.

Casa da Mãe, Almeijoafra (1 km nördlich von Salir), Tel. 289 48 91 79, www.casada mae.com. In dem Landhaus vor herrlich ruhiger Bergkulisse sind drei Luxusapartments und einige Zimmer zu mieten. Schöner Garten mit Swimmingpool.

Restaurants

De Querença, Largo da Igreja, Querença, Tel. 289 42 25 40. Das freundliche Lokal im ersten Stock mit Blick auf den Kirchplatz rühmt sich seiner Hausmannskost. Zu empfehlen sind *Lulas* (Tintenfische), Hähnchen nach Art des Hauses oder Zicklein-Eintopf (Mi geschl.).

Monte da Eira, Clareanes (4,5 km von Loulé an der Straße nach Querença), Tel. 289 43 81 23, www.restaurantemonte daeira.com. Sehr gute, traditionelle portugiesische Küche. Fisch- und Fleischgerichte.

7 São Brás de Alportel

Verblasster Glanz einstiger Sommerfrische.

Die fruchtbare Hochebene nördlich der Bergkette der *Serra de Monte Figo* gilt als Gemüsegarten der Algarve, das auf die

Araber zurückgehende São Brás de Alportel (11 000 Einw.) ist ein wichtiger **Marktort**. Als die Bischöfe der Algarve 1577 ihren Sitz von Silves nach Faro verlegten, wählten sie das frühere maurische Xanabus als Sommerfrische und benannten die Siedlung nach dem hl. Blasius. Im 19. Jh. fand in São Brás eine bescheidene Industrialisierung statt. Neben Getreide und Gemüse aus der Umgebung verarbeitete man hier **Kork** aus dem nahen Bergland. Als jedoch die Eisenbahnlinie an der Küste gebaut wurde, geriet die Siedlung ins Abseits und verlor auch als Luftkurort an Bedeutung.

Heute gilt São Brás als ein Zentrum der portugiesischen Korkindustrie und Verkehrsknotenpunkt wichtiger Fernstraßen. Zeitweise droht der zentrale Largo de São Sebastião unter Blechlawinen zu ersticken. Doch wenige Schritte davon entfernt herrscht in den Gassen der Altstadt oft eine unglaubliche Ruhe. Der **Palácio Episcopal**, die ehem. Sommerresidenz des Bischofs aus dem 16. Jh. am *Largo do Mercado*, wurde 1923 zu einer Schule umgebaut. Auch von den prächtigen bischöflichen Gartenanlagen **A Verbena** ist wenig geblieben, seit man dort das städtische Schwimmbad ausgehoben hat.

Am östlichen Ortsrand stehen einige Villen von Industriellen des 19. Jh.; die des Korkfabrikanten António Bentes stellte seine Urenkelin 1980 als Kulturhaus und Museum zur Verfügung. Das Anwesen beherbergt inzwischen das interessante **Museu do Trajo** (Rua Dr. José Dias Sancho 61, Tel. 289 84 01 00, www.museu-sbras.com, Mo–Fr 10–13 und 14–17, Sa/So 14–17 Uhr). Die kühlen, weitläufigen Räume mit ihrer Originalausstattung zeigen den bürgerlichen Luxus des späten 19. Jh. und verraten viel über die Lebensweise der Oberschicht in jener Zeit. In diversen Anbauten sind zudem landwirtschaftliche Geräte und Apparate ausgestellt, die bei der Korkverarbeitung zum Einsatz kamen. Das Museum bietet sich als Ausgangsort für eine Fahrt auf der **Rota da Cortiça** (Route des Korks, www.rotadacortica.pt) an. Die 2008 eingerichtete Touristenroute, die über mehrere Stationen ins hügelige Hinterland der Algarve führt, vermittelt Wissenswertes über die Gewinnung und Nutzung von Kork, über historische und heutige Produktionsbedingungen.

São Brás de Alportel ist auch ein günstiger Ausgangspunkt für Abstecher ins liebliche Umland, etwa zum **Parque de** **Fónte Férrea**, einem Waldpark um die erfrischende ›Eisenquelle‹ rund 1 km nördlich des Dorfes Alportel an der EN 1 Richtung Almodôvar. Hier laden Picknicktische unter Schatten spendenden Bäumen zu einer Rast ein.

ℹ️ Praktische Hinweise

Information

Posto de Turismo, Largo de São Sebastião 23, São Brás de Alportel, Tel. 289 84 31 65, www.visitalgarve.pt

Hotel

****Retiro dos Bispos**, Fonte do Bispo, EN 270 (Richtung Tavira, nach Santa Catarina), Tel. 281 97 14 84, www.qtfontebispo.com. Nach Um- und Ausbau 2014 neu eröffnetes Landhotel mit 38 Zimmern auf einem großen Grundstück mit einem herrlichen Garten, Schwimmbad, Spa und Tennisplatz.

Restaurants

Fonte da Pedra, Avenida da Liberdade, Campina, São Brás de Alportel, Tel. 289 84 14 13, http://restaurantefontedepedra.com.pt. Schönes Ausflugslokal mit herrlichem Garten und unverbautem Blick, das leckere Grillgerichte und Meeresfrüchte serviert. (Di geschl.).

Eine Korkpresse aus alten Tagen zeigt das Museu do Trajo in São Brás

Gestaltungsfreude spiegelt der Aufgang zur Freitreppe im Garten des Palácio de Estói

Savoy, Rua Luís Bívar 40, São Brás de Alportel, Tel. 289 84 23 46. Portugiesische und internationale Küche, z. B. Ente mit Orangensauce. Auch die vegetarischen Gerichte können empfohlen werden (Mi/Do geschl.).

8 Estói

Ehemaliger Grafenpalast und römische Ruinen in luftigen Bergeshöhen.

Am südlichen Abhang der Serra de Monte Figo und 10 km nördlich von Faro liegt Estói, ein ruhiges Dorf mit fast 4000 Einwohnern. Die niedrigen weißen Häuser sind eng aneinander gebaut, steile Gassen winden sich um eine Anhöhe, die vom Kirchlein **Capela do Pé da Cruz** gekrönt wird. Hier feiert man Anfang Mai das religiöse Volksfest Festa da Pinha zu Ehren des Kreuzes. Bedeutend größer ist die **Igreja Matriz** (geöffnet zu den Messen So 12, Mi 10, Fr 18 Uhr) aus dem 17. Jh. im Zentrum des Ortes. Die Pfarrkirche wurde nach dem schweren Erdbeben von 1755 unter Leitung des Italieners Xabier Fabri in weiten Teilen rekonstruiert. Die weiß-blaue Fliesenauskleidung im Inneren stammt aus der ersten Hälfte des 19. Jh.

Nördlich der Kirche steht an einem steilen Abhang zwischen hoch aufragenden Zypressen der **Palácio de Estói**, der ehemalige Palast der Grafen von Estói. Der zweigeschossige Flügelbau war Ende des 18. Jh. im Rokokostil von den Grafen von Carvalhal erbaut worden. Nach dem Tod des letzten Erben kaufte 1893 der Pharmazeut José Francisco de Silva aus Beja den Gebäudekomplex. Seine

Brunnenfigur im Palastgarten von Estói

Mühen um dessen Erhalt lohnte ihm der portugiesische König mit der Verleihung des Grafentitels. Der 1909 restaurierte Palast wirkt wie ein italienischer Palazzo und ist als solcher einzigartig an der Algarve. Der dazu gehörende **Park** im französischen Stil ist über mehrere Terrassen mit Teehaus, Wasserspielen und Statuen idyllisch angelegt. Heute ist hier ein Luxushotel untergebracht (s.u.).

Am westlichen Ortseingang liegt die archäologische Grabungsstätte **Villa Romana de Milreu** (Tel. 289 99 78 23, www.cultalg.pt, Mai–Sept. Di–So 9.30–13 und 14–18.30, Okt.–April 9–13 und 14–17.30 Uhr) mit den interessantesten römischen Ruinen der Region. 1887–1941 wurden hier Reste eines römischen Landhauses (1.–3. Jh.) freigelegt. Kanalisation, Thermen und feine Mosaike mit Fischen und anderen Wassertieren lassen auf einen wohlhabenden Hausherrn schließen. Zu der *Villa* gehört auch eine frühchristliche Basilika aus dem 4. Jh. mit weiteren Mosaiken. Daneben kam ein älterer römischer Tempel zum Vorschein.

Serra de Monte Figo

Die Serra de Monte Figo zwischen Estói und Moncarapacho ist der südlichste Ausläufer der Serra do Caldeirão, mit dem **Monte de São Miguel** als höchster Erhebung (410 m). Von seinem Gipfel öffnet sich ein weiter Blick über die Küstenebene von der Ria Formosa bis nach Tavira.

Die Berge eignen sich hervorragend zum Wandern und Spazierengehen. Die zahlreichen **Tropfsteinhöhlen** der Region kann man aber nur auf eigene Faust und mit entsprechender Ausrüstung erkunden.

ℹ Praktische Hinweise

Hotels

******Monte do Casal**, Cerro do Lobo, Estói (4 km östlich von Estói Richtung Moncarapacho), Tel. 289 99 12 63, Ruhig und landschaftlich herrlich gelegenes Anwesen um einen Landsitz aus dem 18. Jh. mit stilvoll eingerichteten Zimmern. Ein großes Schwimmbecken und ein Tennisplatz bieten Sportmöglichkeiten. Von der Terrasse unter Palmen kann man einen weiten Panoramablick genießen. Das Restaurant bietet Tapas und kleine Köstlichkeiten für Gourmets.

Pousada Palácio de Estói, Rua São José, Estói, Tel. 210 40 76 20, www.pousadas.pt. Der zur luxuriösen Pousada umgebaute Palácio de Estói (s.o.) glänzt mit neuen Nebengebäuden, großzügigem Spa-Bereich sowie mit Innen- und Außenpool. Die Zimmer in den oberen Stockwerken verfügen jeweils über einen eigenen Balkon mit Aussicht auf Faro und den Atlantik. Im Restaurant kommen feine regionale Spezialitäten auf den Tisch.

Noch nach Jahrhunderten erkennt man die Meeresbewohner auf dem Mosaik von Milreu

Sotavento – Lagunen, Marschen und viel Sand

Das östliche Drittel der Algarveküste, das ›vom Wind abgewandte‹ Sotavento, erstreckt sich vom Naturpark der **Ria Formosa** bei Faro bis zur Mündung des Rio Guadiana an der Grenze zu Spanien. Sandablagerungen vor der Küste schützen diese vor Gezeiten und Unwettern. Die seichten Gewässer und Feuchtgebiete der Lagune dienen einer vielfältigen Fauna und Flora als Lebensraum. Auf den flachen Sandbänken und Landzungen, den sog. **Ilhas**, den Inseln, locken Dünen und feine Sandstrände, die Ufer bieten mit einer rauen Meer- und einer ruhigen Binnenseite für jeden Badegeschmack etwas.

Weiße Häuser ragen aus der im Sonnenlicht gleißenden Fläche von Meer, Sand und Salinen. Viele von ihnen sind Teil der zu Feriensiedlungen erweiterten Fischerdörfer wie **Cabanas**, **Fuseta** oder **Santa Luzia**, alter Festungen wie etwa **Cacela Velha** sowie zweier Städte: **Olhão,** der bedeutende Fischereihafen, und **Tavira**, die Schöne am Rio Gilão, die unbestrittene Königin dieser Küste.

9 Olhão

Lebendiger Küstenort mit dem wichtigsten Fischereihafen des Sotavento.

Olhão (15 000 Einw.) verdankt seinen Ruf, besonders arabisch zu sein, den verschachtelten, weißgekalkten, würfelförmigen Häusern in der Altstadt. Außerdem ist das Städtchen Heimathafen der größten **Fischereiflotte** der Algarve, und entlang der stets belebten Hafenpromenade locken zahlreiche **Fischlokale** mit fangfrischen, schmackhaft zubereiteten Köstlichkeiten des Meeres.

Geschichte Olhão wurde erst zu Beginn des 18. Jh. von Fischern aus Aveiro, die auf der Suche nach besseren Fischgründen ihre Heimat verlassen hatten, gegründet. Nach dem Erdbeben von 1755 entstand das Fischerviertel **Barreta**, das noch heute ebenso bodenständig wie pittoresk wirkt. Mit der Zeit wurden die schlichten Häuschen mit einfach gemauerten Räumen und flachen Dächern aufgestockt. Das Erscheinungsbild wird oft mit dem nordafrikanischer Siedlungen

Der junge Mann und das Meer – in Olhão und auf den vorgelagerten Inseln dreht sich alles um Fischfang. Das wissen auch die Möwen

verglichen und poetische Geister betiteln Barreta gerne als ›Stadt des Kubismus‹.

Der Stolz der Einwohner gründet sich auf eine nette Anekdote: Als Olhão sich 1808 erfolgreich gegen napoleonische Truppen gewehrt hatte, fuhren 17 Fischer mit dem Boot *O Bom Sucesso* (Das gute Ereignis) über den Atlantik, um ihrem König im brasilianischen Exil vom Sieg zu berichten. Ans Ziel gelangt, erklärten sie gegenüber João VI. die Unabhängigkeit der Algarve. Der König erkannte diese zwar nicht an, gewährte dem Heimatort der wackeren Seeleute aber das Stadtrecht und den Beinamen *Olhão da Restauração*, Olhão der Restauration. Das Gedicht *O Novo Argonauta* von José Agostinho de Macedo (1761–1831) erzählt von dieser wichtigen Begebenheit.

Besichtigung Olhão liegt auf einer flachen Halbinsel der Lagune von Ria Formosa. Lebensader der Stadt ist die zentrale **Avenida da República** ❶, ein betriebsamer breiter Boulevard mit einigen Cafés und einer Reihe von Geschäften. Südlich geht die Hauptverkehrsstraße in die Fußgängerzone über, markiert durch die hoch aufragende **Igreja Matriz de Nossa Senhora do Rosário** ❷. Die einschiffige Pfarrkirche mit dem hohen Tonnengewölbe wurde Ende des 17. Jh. von hiesigen Fischern erbaut, um 1715 kamen die imposante barocke Fassade und der ausladende *Talha-Dourada-Altar* im Inneren hinzu. Vom nur etwa 10 m hohen **Kirchturm** (tgl. 10–12 und 16–17.30 Uhr) aus öffnet sich ein Blick über die Stadt mit ihren unzähligen Dachterrassen, von denen man früher nach den heimkehrenden Fischerbooten Ausschau hielt. Noch heute besuchen die Frauen der Fischer häufig die offene Kapelle an der Kirchenrückseite, die **Capela de Nossa Senhora dos Aflitos**. Wenn ihre Männer während eines Unwetters auf hoher See sind, zünden sie hier der Jungfrau Maria eine Kerze an, mit Bitte um Beistand und Schutz.

Neben der Kirche Nossa Senhora da Soledade befindet sich das kleine Stadtmuseum **Museu da Cidade** ❸ (Praça da Restauração, Tel. 289700103, Di–Fr 10–12.30 und 14–17.30, Sa 10–13 Uhr). Im historischen Gebäude (1771) des *Compromisso Marítimo*, der einstigen Fischervereinigung, wird von der Archäologie bis zur Fischerei die gesamte Geschichte des Ortes anschaulich dokumentiert.

Am Ostrand der Stadt liegen die Hafenanlagen des **Porto de Pesca** ❹, der mit über 15 000 t angelandetem Fisch pro Jahr trotz rückläufiger Fangergebnisse, weniger Booten und Fischern der bedeutendste des südlichen Portugals ist. Ein Rundgang um das Hafenbecken vermittelt auch heute noch den romantischen Eindruck von See und Abenteuer. Möwen kreisen auf der Suche nach Futter. Zwischen Sportbooten und Fischerkähnen riecht es nach Fisch und Öl, auf den Kaimauern liegen überall Netze, Reusen und Leinen. Oft sind hier oder auf den Booten Berge von runden Tongefäßen zu sehen, Covos genannt, mit denen man Tintenfische fängt. An langen Seilen werden die Krüge über Nacht im Meer versenkt. Kraken und Kalmare suchen Schutz in den vermeintlichen Höhlen, aus denen es jedoch spätestens nach dem Einbringen der Tonkrüge kein Entrinnen mehr gibt.

Die nach Nordwesten verlaufende Avenida 5 de Outubro ist nicht zuletzt wegen ihrer hervorragenden Fischlokale einen Bummel wert. Von der Anlegestelle **Cais de Embarque** ❺ fahren die kleinen Fährboote (Sommer alle 1 bis 2 Std. 7–20 Uhr, Winter vier Fähren tgl. 7–19 Uhr) zu den Stränden der vorgelagerten Badeinseln Culatra und Armona [s. S. 43]. Westlich davon liegen zwischen Avenida und Ufer die hübschen Blumenrabatten des

Jardim Patrão Joaquim Lopes **6**. Im Zentrum des Parks leuchten die frisch restaurierten roten Ziegelbauten des **Mercado 7** (Mo–Sa 7–13 Uhr). Eine der beiden lang gestreckten Hallen ist dem Verkauf von Fisch und Meeresfrüchten vorbehalten, in der anderen werden Obst und Gemüse feilgeboten. In den umliegenden Imbissstuben gibt es frische Petiscos, köstliche Kleinigkeiten.

Ilha da Armona

Ein Boot legt die Strecke Olhão–Armona in etwa 20 Minuten zurück. Die flache, gut 6 km lange Sandbank südöstlich vor der Küste ist ringsum von Stränden gesäumt. Gleich neben dem Anlegesteg beginnt ein buntes Gewimmel von Badehütten, Fischerhäuschen und Bungalows. Besonders an den Sommerwochenenden geht es hier hoch her. Der fröhliche Badetrubel nimmt im gleichen Maße ab, in dem man sich von der Ansiedlung entfernt. Besonders beliebt ist der feinsandige Strand *Praia da Armona* an der Südseite.

Ilha da Culatra

Auf der westlichen Nachbarinsel Culatra, die im Laufe der Gezeiten durch Sandablagerungen mit der *Ilha do Farol* zusammengewachsen ist, ist weniger Betrieb als auf Armona, obwohl sich auf insgesamt 4 km Länge drei schöne Strände erstrecken. Die Boote von Olhão kommen nach einer halbstündigen Fahrt beim **Praia da Culatra** nahe der kleinen gleichnamigen Fischersiedlung im Osten an. Eine Viertelstunde länger dauert die Fahrt zum westlichen Ende, wo an der **Praia do Farol** ein 28 m hoher Leuchtturm den südlichsten Punkt Portugals markiert. Um den Turm scharen sich Wohnhäuschen und einfache Lokale. Etwa auf der Mitte der Uferlinie liegt der wunderschöne, weniger frequentierte Sandstrand **Praia da Hangares** bei einem alten eingezäunten Militärübungsplatz.

ℹ Praktische Hinweise

Information

Posto de Turismo, Largo Sebastião Martins Mestre 6 A, Olhão, Tel. 289 71 39 36, www.visitalgarve.pt

Hotel

***Pensão Residencial Bela Vista, Rua Teófilo Braga 65–67, Olhão, Tel. 289 70 25 38. Sehr nette Pension in der

In strahlendem Weiß erhebt sich die Kuppel der Igreja Matriz über Olhão

Nähe des Marktes. Es gibt nur wenige Zimmer, einige haben ein Bad.

Restaurants

À do João, Ilha do Farol, Tel. 289 714 209, www.adojoao.com. Im Strandlokal zwischen Leuchtturm und Bootsanleger tischt man ganzjährig Grillgerichte auf.

O Tamboril, Avenida 5 de Outubro 174 A, Olhão, Tel. 289 71 46 25. An der Uferstraße gelegenes Restaurant mit Terrasse dorthin. Große Auswahl an Fisch- und Reis-Eintopfgerichten, Caldeiradas und Cataplanas. Nach der Spezialität Seeteufel ist das Lokal benannt.

Bürgerlicher Wohlstand des 18. Jh. prägt die hübsche Altstadt von Olhão

10 Ria Formosa

*Vogelparadies im Feuchtgebiet –
Lagunen, Sandbänke und Meer.*

Der **Parque Natural da Ria Formosa**
reicht von Vale do Lobo westlich von Faro
bis Manta Rota östlich von Tavira. Er umfasst den knapp 60 km langen Bereich
zwischen Küstenstraße 125 und Meer –
18 400 ha auf dem Festland, in der Lagune
und auf den vorgelagerten Sandbänken.
Der 1987 ausgewiesene Naturpark soll die
außergewöhnliche Küstenlandschaft vor
weiterer Zersiedelung und Zerstörung
durch den Menschen bewahren. Dieses
Ziel verträgt sich mit der traditionellen
Nutzung der Lagune für Muschel- und
Fischzuchten, Salinen sowie einer kont-
rollierten Landwirtschaft.

Die Ria Formosa, die schöne Lagune, ist
das reichhaltigste **Ökosystem** der portugiesischen Küste. Hier leben allein 40
Fischarten, 30 Reptilien- und Amphi-
bienarten, sogar Kaimane, sowie mehrere
hundert unterschiedliche Krustentiere.
Das Wasser der durch die Sandbänke
abgeschirmten Lagune ist wärmer als
das offene Meer und hat durch starke
Verdunstung und relativ geringen Was-
seraustausch in der Regel auch einen
höheren Salzgehalt. In diesem speziellen
Lebensraum gedeihen Schalentiere besonders gut. Rund 80 % der nationalen
Produktion stammen aus der Ria. Gleichzeitig ist das ruhige, seichte Wasser die
ideale Kinderstube für Fischnachwuchs.

Mehr als 200 **Vogelarten** wurden in
dem geschützten, klimatisch milden und

futterreichen Gebiet gezählt. Viele von
ihnen überwintern hier, andere, wie z. B.
Pfeif-, Löffel-, Krick- und Tafelenten, machen lediglich Rast auf ihren Flügen zu
den Winterquartieren in Nordafrika und
auf dem Rückweg gen Norden. Zahlreich
sind auch die einheimischen Wattvögel
wie Alpenstrandläufer, Pfuhlschnepfen,
Kiebitzregenpfeifer und das Purpurhuhn,
das hier seine Brutplätze hat und zum
Wappentier des Parks auserkoren wurde.

Im Naturpark werden auch regionalty-
pische Kulturformen wie Salinen, Schöpf-
räder oder Gezeitenmühlen bewahrt.
Außer den Bewohnern der größeren
Ortschaften wie Fuseta, Olhão, Tavira
oder Faro leben weitere 7500 Menschen
ständig im Bereich des Parkgebiets, eine
Zahl, die sich im Sommer durch Urlaubsgäste allerdings verdreifacht.

Zu den ›Inseln‹ genannten, langge-
streckten von Dünen geprägten Sandbänken gehören die *Ilha da Barreta*,
Culatra, *Armona*, *Tavira* und *Cabanas*
sowie die Landzungen von *Ancão* und
Cacela. Im Bereich von Olhão und Tavira
dehnt sich zwischen Inseln und Festland
eine großflächige **Lagune** aus, deren
sumpfige Eilande bei Ebbe trockenfallen.
Zwischen ihnen verlaufen Priele, von denen einige, die *Barras*, durch Ausbaggern
tief genug gehalten werden, um flachen
Fähr- und Fischerbooten den notwendi-
gen Tiefgang zu gewähren.

Am Ostrand von **Olhão** befinden sich
der Eingang zum Park und das **Centro de**

*Ein besonderes Naturerlebnis sind Ausritte in
der abwechslungsreichen Ria Formosa*

Educação Ambiental de Marim (CEAM, Tel. 289 70 02 10, www.icnf.pt, Mo–Fr 9–17.30 Uhr), das Informations- und Umweltbildungszentrum. Die dazugehörige Ausstellung bietet interessante Dokumentationen zum empfindlichen Ökosystem der Lagune, zur Tier- und Pflanzenwelt, sowie zum einst bedeutsamen Thunfischfang [s. S. 52]. Auf dem Gelände liegt außerdem eine Pflegestation für verletzte Tiere, vor allem Vögel. Weiterhin werden hier auch die **Cães de Água**, die portugiesischen Wasserhunde, gezüchtet. Die pudelähnliche Hunderasse mit Schwimmhäuten zwischen den Zehen kann bis zu 4 m tief tauchen und unterstützte bis weit ins 20. Jh. hinein die Algarve-Fischer bei der Arbeit.

Ein etwa 3 km langer **Naturlehrpfad** (Dauer etwa 90 Min.) durch die Ria Formosa beginnt in der Nähe des Zentrums. Er führt durch die wichtigsten Landschaften wie Pinienwald, Dünen, Strandlagunen, Salz- und Feuchtwiesen. Mitunter kann man hier Störche bei der Nahrungssuche beobachten. Endpunkt ist eine **Moinho de Maré**, eine der wenigen erhaltenen Gezeitenmühlen. Wie vor 200 Jahren wird sie noch heute angetrieben durch das Ein- und Ausströmen des steigenden bzw. fallenden Meerwassers in ein Becken.

ℹ️ Praktische Hinweise

Camping

***Parque de Campismo de Olhão**, Pinheiros de Marim, östlich von Olhão am Eingang zum Park, Tel. 289 70 03 00, www.sbsi.pt. Weitläufiger, baumbestandener, ruhiger Platz zwischen der Durchgangsstraße EN 125 und der wenig befahrenen Bahnlinie. Zwei Schwimmbecken, Tennisplatz und Restaurant.

11 Fuseta

Die kleine Schwester von Olhão besticht durch Beschaulichkeit und schöne Strände.

Das Mündungsdelta des Rio Fuseta, der am 15 km entfernten Monte São Miguel (410 m) entspringt, bietet zunächst dem kleinen bunten Fischerort und Hafen von Fuseta (2000 Einw.) Raum. Anschließend geht es in ein ausgedehntes, von Salinen durchsetztes Sumpfgebiet über. Fuseta ist ein nach dem Erdbeben von 1755 ent-

Weißes Gold und hartes Brot

Im Allgemeinen eignet sich die Atlantikküste nicht für die **Salzgewinnung**, da Gezeiten und Sturmfluten die Salinen überschwemmen und Salzablagerungen fortwaschen. Eine Ausnahme bildet die geschützte Algarveküste des Sotavento: Den hohen Salzgehalt der seichten Gewässer und die feuchten Flächen der Lagunenlandschaft nutzten schon die Römer, um Salz zu gewinnen. Damals wie heute umschließen Dämme die Salzgärten genannten Becken, die zwischen Mai und September wiederholt mit Meerwasser geflutet und dann der Sonne ausgesetzt werden. Das Wasser verdampft, das Salz kristallisiert aus und bleibt auf dem Boden als harte Kruste zurück. Diese wird aufgebrochen, zusammengeharkt und zu glitzernden Bergen von bis zu 10 m Höhe aufgehäuft. Dann wird das grobe Salz verpackt oder weiter verarbeitet. Die Arbeit in den Salinen ist hart, körperlich schwer und schlecht bezahlt, dazu kommen das grelle Licht, die Hitze und die Aggressivität des Salzes.

Ein Weg durch die frei zugänglichen, mehrere hundert Hektar umfassenden **Salinen** von Castro Marim oder Olhão ist spannend – nicht zuletzt wegen der hier zu beobachtenden **Flamingo-Kolonien** –, aber auch nicht ganz ungefährlich. Nicht alle Dämme sind solide und rutschfest gebaut, und das Labyrinth von Dämmen wird immer wieder von Wasserläufen durchschnitten.

standener Ort mit kubischen Häusern, geraden Straßen und rechtwinkligen Kreuzungen. An der Rua da Liberdade weitet sich eine dieser Kreuzungen zum quadratischen, baumbestandenen Platz, um den sich ein paar Geschäfte und drei Lokale gruppieren. Auf deren Terrassen kann man entspannt das Kleinstadtleben an sich vorbeiziehen lassen, während man den lokalen Wein kostet.

Vom Turm der **Igreja Matriz** auf einer Anhöhe am östlichen Ortsrand überblickt man das Städtchen, einige Salinen und die Lagune mit vorgelagerter Sandbank. Letztere ist eigentlich eine Verlängerung der Insel Armona [s. S. 43], die hier mir der **Praia da Fuseta** lockt, denn wie an allen Stränden der Ria Formosa sind die Bedingungen für **Windsurfer** und andere Wassersportbegeisterte auch hier fast immer ideal.

Fischereihafen und Küstensaum von Fuseta wurden Ende der 1990er-Jahre neu gestaltet, die Sandflächen an der Ria sind zu ihrer Befestigung bepflanzt. Holzstege führen zur **Anlegestelle**, von der regelmäßig Fährboote (Juli–Sept.) zur Sandbank ablegen, obwohl man diese bei Ebbe auch zu Fuß erreichen kann.

Macht man einen **Strandspaziergang** an der Küste entlang, findet man im Osten wie im Westen die Ruinen alter Siedlungen. Im 15. Jh. gab es hier mit Alfanxia, Bias und Cumeada eine Reihe von Festungen, die den Hafen an der Flussmündung gegen Piraten verteidigen sollten.

ℹ Praktische Hinweise

Hotel

Monte Alegre, Apartado 64, Fuseta (ca. 1 km nordwestlich), Tel. 289 79 42 22, www.monte-alegre-algarve.de. *Turismo rural* unter deutscher Leitung. Apartments inmitten der grandiosen Landschaft des Naturparks der Ria Formosa. Vielfältiges Freizeitangebot, u. a. Fahrradverleih und Ausritte zu Pferd.

Restaurant

Capri, Rua da Liberdade, Fuseta, Tel. 289 79 31 65. Die Gäste des einfachen Speiselokals freuen sich über frische Tagesgerichte zu moderaten Preisen.

12 Moncarapacho

Das Städtchen im bäuerlichen Küstenhinterland hat seinen Charakter bewahrt.

Im Hinterland von Olhão liegt das niedrige Vorgebirge *Barrocal*. Auf den lehmigen Böden seiner südlichen Ausläufer gedeiht der gute Wein, der unter dem Etikett ›Vinho de Fuseta‹ firmiert. In dieser Region ist Moncarapacho mit 7700 Einwohnern eine der größeren Ortschaften. Sie ist noch heute ländlich geprägt, auch wenn der Bauboom der Algarve längst über den Ort hinweggerollt ist.

Etwa 100 m oberhalb der Kirche **Igreja Matriz** mit ihrem schönen Renaissanceportal steht an der Hauptstraße die kleinere, mit Azulejos aus dem 17. Jh. dekorierte **Ermida de Santo Cristo**. Nebenan

präsentiert das **Museu Paroquial** (Tel. 289 79 21 91, Mo–Fr 11–17 Uhr) eine kleine, aber bemerkenswerte Sammlung von römischen Funden über mittelalterliche Heiligenfiguren bis hin zu Statuen des 16.–18 Jh., darunter eine neapolitanische Terrakottakrippe.

ℹ Praktische Hinweise

Restaurant

Colibri, Rua Prior Simas 14, Moncarapacho, Tel. 289 79 24 07. Ausgezeichnete portugiesische Küche in gemütlicher Atmosphäre. Spezialität des Hauses ist ›Bife na Pedra‹ (Steak auf dem heißen Stein), frischen Fisch gibt es auch. Werktags günstige Mittagsgerichte.

13 Luz de Tavira

Gärten und Weinberge prägen die Gegend.

Das fruchtbare Schwemmland um Luz de Tavira wurde bereits um das 3. Jh. besiedelt, wie Ausgrabungen der römischen Siedlung *Balsa* in *Quinta das Antas* belegen, das 1 km südöstlich von Luz liegt. Später lebten hier Mauren, die für die Landwirtschaft erforderliche Bewässerungssysteme einführten. Nach der Reconquista siedelten sich Fischer an. Im 16. Jh. kultivierten Landadlige um Luz de Tavira Obst-, Öl- und Johannisbrotbäume, sowie Gemüse und Wein. Ihre villenartigen Wohnsitze auf den Anhöhen mit gutem Blick über die Felder und das Meer bestehen teils noch heute und tragen klangvolle Namen wie *Belmonte* (schöner Berg) oder *Torre de Ares*.

Luz de Tavira (3400 Einw.) ist durch die viel befahrene Durchgangsstraße N 125 stark belastet. Die im 16. Jh. errichtete **Igreja Matriz** am Hauptplatz ist eine der ältesten der Gegend. Sie hat das Erdbeben 1755 unbeschadet überstanden und birgt deshalb hinter dem schönen manuelinischen Portal seltene, aus Sevilla importierte polychrome Fliesen des 16. Jh.

Von der Feriensiedlung **Pedras d'El Rei** östlich von Luz führt eine Fußgängerbrücke auf die vorgelagerte Sandbank *Ilha de Tavira* [s. S. 51]. Im Sommer fährt ein Bähnchen von der Brücke 2–3 km quer über die Insel zur feinsandigen **Praia da Barril**, wo sogar ein Strandlokal auf Gäste wartet.

Reihenhäuschen mit Swimmingpool – viele Urlaubsträume erfüllen sich in Pedras d'El Rei

Santa Luzia

Von Pedras d'El Rei aus ist die Küstenstraße zum 2 km entfernten Santa Luzia zu einem breiten Strandboulevard ausgebaut. In der malerischen **Fischerkolonie** mit kleinen bunt gefliesten Häuschen findet morgens am Hafen ein Fischmarkt statt. Allerdings bleibt er im Sommer unter Umständen geschlossen, da der Fischfang in dieser Zeit zum Schutz der Tiere verboten ist. Die Restaurants ringsum servieren dennoch frischen Fisch, vor allem Tintenfisch, die Spezialität des Ortes.

ℹ️ Praktische Hinweise

Restaurant

Baixamar, Avenida Duarte Pacheco 26, Santa Luzia, Tel. 281 38 11 84. Freundliches Restaurant gegenüber dem Fischmarkt. Das Personal gibt gerne Auskunft über den frischesten Fisch im Angebot.

14   Tavira

Traditionsreicher Flusshafen mit reizvoller Altstadt.

Klassizistische Häuser mit spitzen ziegelgedeckten Walmdächern säumen die reizvollen Gassen Taviras (15 000 Einw.) an den hügeligen Ufern des Rio Gilão. Der direkte Zugang zum Meer liegt etwa 2,5 km südlich des regen Marktortes.

Geschichte   Auf den Resten iberischer und römischer Vorgängersiedlungen entstand an der Mündung des Gilão eine wohlhabende maurische Ortschaft, die vom Obst- und Gemüseanbau in der bewässerten, fruchtbaren Flussaue lebte. Sie wurde 1242 durch Dom Paio Peres Correia, den Großmeister des Santiagoritterordens, eingenommen. König Dinís ließ das reiche Tavira Anfang des 14. Jh. befestigen, Manuel I. verlieh der damals größten Ansiedlung der Algarve Anfang des 16. Jh. das Stadtrecht.

Doch durch das Erdbeben 1755 wurde Tavira weitgehend zerstört. Den Wiederaufbau leitete Francisco Gomes de Avelar, der Bischof von Faro. Noch heute bestimmen die damals errichteten ein- bis zweistöckigen schmucken **Bürgerhäuser** das Bild der Stadt. Bis 1920 waren die Fischer von Tavira berühmt für ihren **Thunfischfang**. Aber durch das Ausbleiben der Thunfischschwärme und die Versandung des Flusshafens verlor Tavira an Bedeutung und wandte sich verstärkt der Zucht von Muscheln und Schalentieren zu. Heutzutage spielt auch der Tourismus in dem herausgeputzen, hübsch restaurierten Städtchen eine große Rolle.

Besichtigung   Der Rio Gilão teilt Tavira in zwei Teile. Drei Brücken verbinden im Stadtgebiet die beiden Ufer, deren älteste, die **Ponte Romana** ➊, römische Fundamente und sieben Bögen aufweist. Sie war

Sorgfältig ausgearbeitete Details zieren das Portal der Igreja da Misericórdia

einst Bestandteil der römischen Straße von Mértola nach Faro. Eine Gedenktafel an der Brücke erinnert an die Niederlage, die der kastilische König Juan I. im 14. Jh. an diesem Flussübergang erlitt.

Am rechten Ufer mündet die Ponte Romana auf die **Praça da República** ❷,

das Zentrum von Tavira. Am Platz treffen sich die Männer des Ortes, entweder in einem der Cafés oder unter den Schatten spendenden Arkadengängen des Rathauses. Der Platz geht flussabwärts über in die palmengesäumte Uferpromenade **Rua dos Cais** ❸, an deren Ende die frühere Markthalle **Mercado Municipal** ❹ liegt, in der man heute Kunsthandwerk erstehen kann. Ringsum finden sich zudem die meisten Geschäfte des Ortes, zu deren Angebotspalette auch Souvenirs gehören. Von der Praça da República führen ansteigende Gassen zu kleinen romantischen Plätzen in der Altstadt. Wer im Sommer bummeln möchte ohne zu sehr zu schwitzen, besucht im ehemaligen Wasserturm die **Câmara Obscura** ❺ (Calçada da Galeria 12, www.cdepa.pt, Juni–Sept. tgl. 10–20 Uhr, Okt.–Mai tgl. 10–18 Uhr). Über Spiegel und Linsen werden Bilder von Gassen, Autos oder Booten in den Raum projiziert und erklärt.

Folgt man von der Südwestseite der Praça da República der *Rua da Galeria* durch ein Tor der äußeren Burgmauer, gelangt man zur dreischiffigen, 1541 errichteten **Igreja da Misericórdia** ❻. Im Wettstreit mit der Kirche von Moncarapacho rühmt auch sie sich, das schönste Renaissanceportal der Algarve zu besitzen. Über dem Eingang steht die Statue einer barmherzigen Jungfrau Maria, flankiert von Engeln, den Aposteln Petrus und Paulus sowie von den Wappen Portugals und Taviras. Innen beeindrucken

Szenen der Barmherzigkeit zeigen die Azulejotableaus in der Igreja da Misericórdia

ein prunkvoller *Talha-Dourada*-Altar und weiß-blaue Fliesen aus dem 18. Jh., die das Thema der Barmherzigkeit in verschiedenen großangelegten Szenen darstellen. Ungewöhnlich ist die Gestaltung der Säulenkapitelle mit Masken.

TOP TIPP Weiter aufwärts gelangt man zum **Castelo** ❼ (Rua de Bela Fria, Juni–Sept. Mo–Fr 8–17, Sa/So 10–19, Okt.–Mai tgl. 9–17 Uhr), der einstigen maurischen Burg, die heute nur noch aus Teilen der Umfassungsmauer und einem hübschen Park besteht. Von oben bietet sich ein atemberaubender Blick auf den silbern glitzernden Fluss, die charakteristischen roten Walmdächer und die zahllosen Kirchtürme von Tavira.

Neben der Burg wurde auf den Fundamenten der zerstörten Moschee die **Igreja de Santa Maria do Castelo** ❽ (Mo–Fr 10–17 Uhr) erbaut, eine im Kern gotische Kirche, die im 18. Jh. weitgehend originalgetreu rekonstruiert wurde. Ein Blick ins Innere lohnt nicht zuletzt wegen der schön dekorierten Kapellen, etwa der manuelinischen des *Senhor dos Passos* (zweite links) mit Azulejos aus dem 17. Jh. An der linken Wand der Chorkapelle sind die Grabplatten von sieben Santiagorittern aus der Zeit der Reconquista zu sehen, die angeblich während eines Waffenstillstands von den Mauren ermordet wurden. Daraufhin stürmten die Christen die Stadt und legten sie in Schutt und Asche. Der Großmeister des Ordens, Dom Paio, soll später den Wunsch geäußert haben, am selben Ort wie die sieben Ritter beerdigt zu werden. Es ist allerdings nicht belegt, ob seine Gebeine wirklich in dieser Kirche ruhen.

Wählt man den rückwärtigen Abstieg von der Burg an der schlichten *Igreja de Santiago* vorbei, gelangt man über die Rua da Liberdade in ein weiteres altes Stadtviertel, in dem sich Hotels, ein Kino, Werkstätten und vereinzelte Geschäfte befinden. Hier und da hat ein historisches Gebäude das Erdbeben überstanden,

Am sichersten schreitet man die Wehrmauern des Castelo Hand in Hand ab

Die untergehende Sonne taucht Hafen und Altstadt von Tavira in zauberhaftes Licht

und in der *Travesía de Dona Brites* weist man stolz auf die einzigen gotischen Zwillingsfenster des Ortes hin.

Auf der nördlichen Flussseite führt die von vielen Geschäften und Restaurants gesäumte *Rua Almirante Cândido dos Reis* geradewegs aus der Stadt hinaus, während die Seitenstraßen zur Anhöhe mit der **Igreja do Carmo** ❾ ansteigen. Die äußerlich einfache Kirche aus der zweiten Hälfte des 18. Jh. ist wegen ihrer barocken Innenausstattung sehenswert: komplett mit *Talha-Dourada*-Altar, geschnitztem Chorgestühl und Orgel. Im

ehemaligen Konvent der Kirche wurde das kleine Wissenschaftsmuseum **Centro de Ciência Viva** (Tel. 281 32 62 31, www. tavira.cienciaviva.pt, Di–Sa 10–18 Uhr) eröffnet, das sich in experimenteller und didaktischer Weise besonders mit Wasser und Energie befasst.

Das Stadtviertel im Westen um die zurückhaltend begrünte **Praça do Dr. Antonio Padinha** ❿ wurde von Heimkehrern aus den portugiesischen Kolonien erbaut. Hier ist manch prächtige Villa mit bunter Fliesenfassade, kunstvoller Holztür oder dekorativem Türmchen zu entdecken. In Flussnähe konzentrieren sich Restaurants, Bars und Clubs in denen sich am Wochenende die Jugend tummelt.

Über die Ponte Romana führt der Weg stadtauswärts zum Weiler **Moinhos da Rocha**. Die schmale Straße folgt dem Rio Gilão, der am Oberlauf Rio Assêca bzw. Rio Séqua heißt. Zu jeder Jahreszeit lohnt dieser Ausflug in eine vom Tourismus so gut wie unberührte Welt, vorbei an Kaki- und Granatapfelbäumen, durch Olivenpflanzungen und Orangenhaine. In sumpfigen Bereichen quert man ganze Wälder von meterhohem spanischem Rohr. Nach etwa 4 km, jenseits des Autobahnzubringers, endet die Straße an einer kleinen Brücke. Am besten parkt man hier und geht zu Fuß weiter in das Tal von Moinhos da Rocha. Ganz in der Nähe der Wohnhäuser bildet der Fluss wunderbare Badebecken.

![TOP TIPP] Ilha de Tavira

Etwa 4 km außerhalb der Stadt mündet der Rio Gilão in die Ria Formosa. Hier befindet sich neben Imbissständen und Restaurants die Anlegestelle **Quatro Águas**. Von hier aus fahren regelmäßig Boote (Juli/Aug. tgl. 8–0.30 Uhr, sonst 9–17 Uhr) zur Ilha de Tavira hinaus. Die 14 km lange Sandinsel ist geprägt von Dünen und licht bewachsen mit Pinien. Besonders beliebt sind die Strände **Praia da Cascas**, **Praia de Tavira** und **Praia da Barril**. Letztere liegt schon auf der Höhe von Pedras d'El Rei [s. S. 46]. Es sind allesamt saubere Strände, die flach abfallen und teilweise von Rettungsschwimmern überwacht werden – also die idealen Tummelplätze für Familien mit kleinen Kindern. Auf der Ilha de Tavira gibt es einen Campingplatz, ein Sportcenter für Windsurfer, Taucher und Wasserskiläufer und Abschnitte für Nudisten. Es schließen sich viele Kilometer fast menschenleerer Sandstrände an.

![i] Praktische Hinweise

Information

Posto de Turismo, Praça da República 5, Tavira, Tel. 281 32 25 11, www.cm-tavira.pt

Einkaufen

Azulejo Azul, Rua Terreiro do Garção 27, Tavira, Tel. 281 32 52 35. Souvenirgeschäft mit stilvollen Handwerksprodukten, von handbemalten Fliesen über Keramik bis zu handgearbeiteten Textilien.

Camping

**Camping Tavira, Ilha de Tavira, Tel. 281 32 17 09, www.campingtavira.com. Auf der Sandbank vor Tavira gelegener, ruhiger Zeltplatz, der nur mit dem Boot von den Anlegestellen Rua dos Cais oder Quatro Águas zu erreichen ist. Pinien bieten etwas Schatten. Himmlisch für Naturliebhaber, die den ganzen Sommer zwischen Sand, Sonne und Meer verbringen wollen.

Hotels

*****Pousada de Tavira (Convento de Graça), Rua D. Paio Peres Correia, Tavira, Tel. 210 40 76 80, www.pousadas.pt. Das in eine erstklassiges gemütliches Hotel umgewandelte Kloster aus dem 16. Jh. bietet 36 schöne Zimmer, die durch den Blick zum Innenhof oder in den Garten beeindrucken, mit Swimmingpool.

![TOP TIPP] ******Quinta do Caracol**, Rua de Sao Pedro 11, Tavira, Tel. 281 32 24 75, www.quintadocaracol.com. Nett ineinander verschachtelte, rustikale Häuschen, blumenumrankte Terrassen und ein idyllischer Garten machen den Charme des Anwesens am Stadtrand aus. Mit Swimmingpool und Tennisplatz.

**Marés, Rua José Pires Padinha 134–140, Tavira, Tel. 281 32 58 15, www.residencial mares.com. In dem schönen Altbau am Flussufer bieten 24 ordentliche Zimmer einen unübertrefflichen Blick. Im Erdgeschoss befindet sich ein nettes Restaurant.

Ein reiches Angebot an bunter Keramik halten die Töpfereien um Tavira bereit

Abenteuer der Vergangenheit

Lange Zeit war der **Thunfischfang** eine der wichtigsten Einnahmequellen an der Algarve. In den Monaten April bis Juli wurden riesige Netzkonstruktionen ausgebracht, so genannte **Armações**. Über 500 000 m^2 Netze, mehr als 100 t Kork und bis zu 500 Anker mit einem Gewicht von je 500–800 kg waren in solchen Anlagen verarbeitet, die als komplizierte Leit- und Fangsysteme vor der Küste verankert wurden. Sie lenkten ganze Thunfischschwärme in flache küstennahe Gewässer. Dort warteten bis zu 100 Fischer in offenen Booten auf ihre fette Beute. Mithilfe von Harpunen und Bootshaken zog man die in Panik geratenen Tiere an Bord. Thunfische können mehrere Meter lang und fast eine Tonne schwer werden, und sie lieferten sich bis zu ihrem blutigen, oft grausamen Ende erbitterte Kämpfe mit den Menschen.

Seit 1972 hat diese Art des Thunfischfangs ein **Ende**, denn plötzlich zogen die Schwärme andere, für sie weniger gefährliche Wege – niemand weiß, warum. Die Küstenbewohner mussten sich wieder einmal von alten Traditionen verabschieden. Da inzwischen die Thunfischbestände durch Überfischung arg dezimiert sind, sollte man übrigens besser auf den Genuss des festen Fleischs verzichten.

Restaurants

Brisa do Rio, Rua Dr. Augusto Silva Carvalho 6–8, Tavira, Tel. 966 94 79 12, www.brisadorio.com. Kleines Lokal mit regionalen Spezialitäten, die bei gutem Wetter auch an Tischen auf der schmalen Gasse serviert werden (Mi geschl.).

O Pátio, Rua António Cabreira 30, Tavira, Tel. 281 32 30 08. Elegantes Lokal mit wunderschöner Aussichtsterrasse und frisch zubereiteten Köstlichkeiten der Region.

Quatro Águas, Quatro Águas, Tavira, Tel. 281 32 53 29. Das gut besuchte Restaurant in der Nähe des Fähranlegers bietet ausgezeichnete regionale Küche, vor allem Fischgerichte. Gratis dazu gibt es schöne Panoramablicke über die Lagunenlandschaft des Parque Natural da Ria Farmosa (Mo geschl.).

15 Cabanas und Cacela Velha

Feriendörfer und verlassene Festungen zwischen Feldern und Obstplantagen.

Im Osten von Tavira erstreckt sich beiderseits des Rio Almargem eine fruchtbare Ebene mit Feigen-, Mandel-, Johannisbrot-, Öl- und Obstbäumen. Dazwischen liegen vereinzelt Ferienanlagen, die ideal für einen ruhigen Familienurlaub sind. **Cabanas** ist das Zentrum dieser Tourismusregion. Die Gassen um die Hauptstraße, die schnurstracks auf die Ria Formosa zuläuft, lassen das ursprüngliche Fischerdorf noch erkennen, aber die Uferstraße mit ihren Kneipen und Restaurants ist komplett auf die Touristen ausgerichtet. Um das Dorf liegen mehrere Ferienhaussiedlungen, meist mit Tennisplätzen und Swimmingpools Doch die Mehrheit der Urlauber zieht es zum Baden und Sonnen auf die vorgelagerte Landzunge, an den kilometerlangen goldenen Sandstrand **Praia de Cabanas**.

Am östlichen Ortsrand von Cabanas endet die asphaltierte Straße in einem malerischen Pinienwäldchen, aus **TOP TIPP** dem die Festung von **São João da Barra** hervorlugt, die Ende des 18. Jh. zum Schutz gegen Piratenüberfälle angelegt und inzwischen zum Hotel umgebaut wurde. Hier beginnt die wildromantische **Steilküste**, an der einer der schönsten Spazierwege der Sandalgarve entlangführt. Unterwegs zu dem rund 5 km entfernten Ort Cacela Velha bieten zahlreiche Aussichtspunkte immer wieder neue, traumhafte Blicke über die Lagune und die vorgelagerte Sandbank. Niemand stört die Ruhe: Möwen und Fischreiher staksen auf der Suche nach Futter durch das seichte Wasser, ein paar Segelboote liegen vor Anker und irgendwo in der Ferne schreit ein Esel. Die ›Zivilisation‹ erreicht man erst wieder bei **Fábrica**. Die dortigen netten Speiselokale sind längst Publikumslieblinge.

Von Fábrica aus ist es zu Fuß keine halbe Stunde zur markanten Festung **TOP TIPP** von **Cacela Velha**. Sie stammt aus dem Jahr 1794 und war in den Miguelistenkriegen Anfang des 19. Jh. heiß umkämpft. Das alte Cacela Velha bewahrte sein Aussehen und blieb bis heute auf das beschränkt, was innerhalb der Mauern Platz hat: zwei Dutzend Häuser, eine stolze Renaissancekirche, ein

Cabanas, ehemaliges Fischerdorf am Rande des Naturschutzgebietes Ria Formosa

Friedhof und ein winziger Leuchtturm. Die wenigen Einwohner bestellen einige Austernbänke in der Lagune und ertragen mit Fassung die Besuchermassen, die täglich ihr malerisches Dorf besuchen.

Manta Rota

Bei Manta Rota geht die Landzunge in den Küstensaum über, der hier den breitesten (bis zu 150 m) und längsten Strand der Sandalgarve vorweist, abschnittweise als **Praia de Manta Rota** und als **Praia de Alagoa** bezeichnet. Er bietet ausreichend Liegefläche für Sonnenanbeter, die flachen Gewässer sind ein Paradies für Badefreunde und Surfanfänger. An dem etwa 5 km langen Abschnitt zwischen Manta Rota und der **Praia Verde** bei Monte Gordo liegen mehrere Feriendörfer, Apartmenthäuser, ein Campingplatz sowie Strandlokale zwischen lichten Pinienwäldern, Dünen und Strand.

ℹ Praktische Hinweise

Hotels

Casa Vale del Rei, Almargem, Tel. 281 32 30 99, www.casavaledelrei.co.uk. Etwa 150 m hinter der alten Brücke über den Rio Almargem und ca. 500 m nördlich der EN 125 liegt dieses idyllische Landhaus mit sieben Zimmern. Fahrradverleih, Pool und Reitangeboten.

Forte de São João da Barra, Cabanas, Tel. 281 37 04 95, www.fortesaojoaodabarra. com. Heute fühlen sich hinter den massiven Bastionen aus dem 18. Jh. die Gäste des kleinen exklusiven Hotels geborgen.

Alte Architektur und modernes Design prägen die 10 individuell eingerichteten Zimmer. Das Freizeitangebot richtet sich speziell an Naturfreunde.

Restaurants

Bate que eu abro, Rota do Sol, Altura, Tel. 281 95 66 56, www.batequeeuabro. com. In dem originellen kleinen Lokal ›Klopf an und ich öffne‹ erhält man in traulicher Umgebung traditionelle Gerichte (Mo geschl.).

Fábrica do Costa, Cacela Velha, Fábrica, Tel. 281 95 14 67. Das Strandlokal mit schilfüberdachter Terrasse ist bekannt für Grillgerichte und Meeresfrüchte.

Pedro, Rua Capitão Baptista Marçal 51, Cabanas, Tel. 281 37 04 25, http://restau rantepedro.com.pt. Gemütliches Lokal am östlichen Ortsrand mit Fischspezialitäten, guter *Cataplana* und Reisgerichten mit Meeresfrüchten (Mo geschl.).

Festungsambiente in Cacela Velha

Am Rio Guadiana – unberührtes Grenzland

821 km lang ist der Rio Guadiana, **O Grande Rio do Sul**, der ›große Fluss des Südens‹. Er entspringt im spanischen La-Mancha-Plateau und bildet, seit der Rückeroberung der Algarve durch die Christen Mitte 13. Jh., in seinem Unterlauf über 70 km die **Grenze** zu Portugal. Jahrtausende lang war der Guadiana die einzige Verbindung zwischen Küste und Binnenland. Erst 1947 wurde eine Straße von Vila Real nach Mértola im Alentejo gebaut. Bis dorthin ist der Strom schiffbar, der schon den Römern zum Transport von Erzen aus den Minen im Bergland diente.

Bevor der Rio Guadiana in den Atlantik mündet, verliert er sich in einem weitläufigen, von Flussarmen und Kanälen durchzogenen und von Salinen durchsetzten Feuchtgebiet, das Zugvögeln als Refugium dient. Hier wurde 1975 das Naturschutzgebiet **O Sapal** ausgewiesen. An der Flussmündung liegt die Stadt **Vila Real de Santo António**, die der aufgeklärte *Marquês de Pombal* im 18. Jh. quasi als Fenster gen Europa errichten ließ. In Sichtweite schimmern am jenseitigen Ufer die weißen Häuser des spanischen Ortes **Ayamonte**, den Algarveurlauber gern in einem Tagesausflug besuchen.

16 Vila Real de Santo António

Grenzstadt und Einkaufsparadies in planmäßigem Schachbrettmuster

Am westlichen Ufer des Guadiana, in den Weiten des Schwemmlandes, liegt Vila Real de Santo António (12 000 Einw.), dessen zweigeschossige, weiße Gebäude ein einheitliches Stadtbild vermitteln. Am Flusskai legen die Ausflugsboote zu Tagestouren auf dem Rio Guadiana ab.

Geschichte Mitte des 18. Jh. wurde das an der Flussmündung gelegene Fischerdorf *Santo Antonio da Arenilha* von den Gezeiten fortgespült. Das benachbarte, damals größere Monte Gordo fiel bald ebenfalls dem Meer zum Opfer, nämlich der enormen Flutwelle, die dem Erdbeben 1755 folgte. *Sebastião José de Carvalho e Mello, Conde de Oeyras e Marquês de Pombal* (1699–1782), der aufgeklärte, tatkräftige Minister des damals regierenden

Mal eben einen Blick auf den adrett herausgeputzten Nachbarn riskieren: Jenseits des Rio Guadiana liegt das spanische Sanlúcar

Königs José I., entschied, gegenüber der prosperierenden spanischen Siedlung Ayamonte am jenseitigen Flussufer ein Zeichen portugiesischer Präsenz und Macht zu setzen. 1774 ließ er im Namen des Königs und unter Einbeziehung des hl. Antonius eine neue Stadt erbauen: Vila Real de Santo António. Militäringenieure legten den sandigen, feuchten Untergrund trocken, der bekannte Baumeister Eugénio dos Santos, der zuvor mitverantwortlich war für den Aufbau der beim Erdbeben zerstörten Lissabonner Unterstadt, der Baixa, plante die Gesamtanlage nach bewährtem Muster: ein weitläufiger Platz als Zentrum, gerade, rechtwinklig zueinander verlaufende Straßen, schlichte Wohnhäuser in einheitlich klassizistischem Baustil sowie ein großzügiger Boulevard als Uferpromenade. Aus Lissabon wurden standardisierte, vorgefertigte Bauteile geliefert. So wuchs innerhalb von fünf Monaten eine komplette Stadt heran mit Kirche, Rathaus, Zollstation sowie Gebäuden der königlichen Fischereigesellschaft und der Hafenverwaltung.

Doch diese Pracht stand unter einem schlechten Stern. Die Bewohner des zerstörten Monte Gordo weigerten sich, in die neue Stadt zu ziehen. Als Pombal ihre

Als weithin höchstes Gebäude beherrscht das Hotel Guadiana die Hafensilhouette

provisorischen Hütten niederbrennen ließ, wanderten sie empört nach Ayamonte ab. Vila Real blieb fast 100 Jahre lang eine **Geisterstadt**, bewohnt nur von königlichen Beamten. Erst mit dem **Thunfischfang** und dem Bau der ersten Fischkonservenfabrik 1879 sowie der Wiederaufnahme des Bergbaus in den flussaufwärts gelegenen Minen von São Domingos belebte sich der Ort. 1906 hielt die Moderne Einzug, als die Eisenbahntrasse von Lagos aus Vila Real erreichte.

Heute gleicht die ›königliche Stadt‹ einem großen Straßenbasar, der hauptsächlich von den spanischen Nachbarn frequentiert wird, die das Preisgefälle zwischen beiden Ländern ausnutzen und hier günstig einkaufen. Bevor 1992 die **Autobahnbrücke** zwischen Vila Real und Ayamonte gebaut wurde, gelangte man nur mit einer **Fähre** über den Fluss. Letztere bildet nach wie vor die direkteste Verbindung und gewährt zudem schöne Ausblicke auf den breiten Mündungstrichter des Rio Guadiana.

Besichtigung Die **Avenida da República** entlang des Flusses schmücken Pflastermosaike mit Fischen, Ankern und Segelbooten, zur Stadt hin reihen sich Restaurants und einfache Geschäfte aneinander. Der weiße Jugendstilbau des Hotels

Im Zentrum der Praça do Marquês de Pombal steht ein Obelisk mit Armillarsphäre

Guadiana und der Anlegeplatz der Fähre markieren den geschäftigsten Teil der Promenade. Ein Stückchen flussabwärts, auf Höhe des Sporthafens, steht das alte Zollhaus **A Alfândega**. Es ist verziert mit weiß-blauen Azulejobildern, die historische Seeschlachten schildern.

Das Herz des Ortes schlägt auf der großen, quadratischen **Praça do Marquês de Pombal** zwei Straßenblocks von der Uferpromenade entfernt. Der durch seine Weite beeindruckende Platz ist von einem einheitlichen Gebäudeensemble umgeben, in das sich Rathaus und Kirche harmonisch einfügen. Davor laden Kaffeehaustische unter Schatten spendenden Pomeranzenbäumen zur Rast ein. Schwarzweiße Strahlen im Pflaster laufen auf den Mittelpunkt der Praça zu, den ein **Obelisk** markiert. Die Inschrift ›Augusto, Invicto, Pio‹ (Erhaben, unbesiegt, fromm) preist König Jose I. Der Obelisk wird von einer goldenen Armillarsphäre gekrönt, einem Messgerät, das an die seefahrerischen Leistungen der Portugiesen und ihre Entdeckungen erinnert.

An der Nordseite des Platzes führt die Rua Dr. Teófilo Braga entlang. Einen Bummel durch diese belebte, charmante **Fußgängerzone** kann man mit einem Besuch in der imposanten ehem. Markthalle verbinden, die zum Kulturzentrum *Centro Cultural António Aleixo* umgebaut wurde. Das darin untergebrachte **Museu Manuel Cabanas** (Tel. 281 51 00 45, Juli/Aug. Di–Fr 17–23, Sa/So 20–23, sonst Mo–Fr 10–13 und 15–19 Uhr) zeigt Holzstiche des einst in Vila Real ansässigen Künstlers *Manuel Cabanas* (1902–1992), der berühmte Politiker ebenso porträtierte wie Menschen vom Lande und ihren Alltag. Zudem kann man hier eine ungewöhnlichen Sammlung von 200 Lithografiesteinen bestaunen, die bis ins 20. Jh. hinein als Druckplatten für Fischkonservenaufkleber dienten.

Von der kleinen küstennahen Verbindungsstraße zwischen Vila Real und

Monte Gordo führt ein asphaltierter Weg zum Mündungstrichter des Rio Guadiana. Ein Leuchtturm weist den Weg dorthin, wo bis Mitte des 18. Jh. das alte Fischerdorf [s. S. 55] stand und heute wieder ein kleiner Hafen ist. Daran schließt sich der flache Sandstrand **Praia de Santo António** an, der im Westen in den großen Strand von Monte Gordo übergeht.

Ayamonte

Ein beliebter **Tagesausflug** führt über den Fluss nach Ayamonte (21 000 Einw.) ins spanische, andalusische Nachbarland. Durch den Amerikahandel erlangte der einstige Fischerort am östlichen Hochufer des Rio Guadiana ab dem 16. Jh. einigen Wohlstand. Prächtige Paläste und mächtige Klöster prägen noch heute das Straßenbild.

In der Unterstadt öffnet sich die **Plaza de la Ribera** zum Hafenbecken hin, ein großer gepflasterter Platz mit Pomeranzenbäumen, Jasminranken und bunt gefliesten Bänken. Von dort gehen enge, Fußgängern vorbehaltene Einkaufsstraßen ab. Mitten im Gassengewirr öffnet sich die stimmungsvolle **Plaza de la Laguna** mit dem Rathaus und der *Iglesia de las Angustias* (16. Jh.). Auch dieser Platz ist hübsch begrünt und von Lokalen mit Terrassen gesäumt. Am schönsten ist der Gang durch die Unterstadt bei Nacht, wenn Jasmin und Orangenblüten ihr Aroma entfalten und Laternen die weißen Fassaden von Kirchen, Klöstern und Wohnhäusern beleuchten.

Steile Gassen und Stufen führen in die ältere Oberstadt. Dort im **Barrio de La Villa** befindet sich eine Reihe sehenswerter Gotteshäuser. Die zu einem 1755 zerstörten Kloster gehörende **Iglesia de San Francisco** aus dem 16. Jh. z. B. zeigt den verspielten Mudejarstil der von arabischen Baumeistern beeinflussten Gotik. Innen weist die Kirche einen schönen gotischen Altar auf. In der angrenzenden Capilla de la Soledad ist das **Museo de la Hermandad** (Mo–Fr 10.30–13.30 und 17.30–20.30 Uhr) zu besichtigen, in dem neben den Kirchenschätzen auch die Prozessionsfiguren ausgestellt sind, die in der Karwoche mitgeführt werden.

ℹ️ Praktische Hinweise

Information

Posto de Turismo, Avenida Infante D. Henrique, Monte Gordo, Tel. 281 54 44 95, www.cm-vrsa.pt. Zuständig für Vila Real, kein eigenes Büro in der Stadt.

Fähre

Vila Real–Ayamonte, www.rioguadiana. net, im Sommer 9.30–20 Uhr alle 30 Min., im Winter 9.30–18.30 Uhr alle 60 Min., Fahrzeit ca. 30 Min.

Schön und praktisch zugleich sind die gefliesten Ruhebänke in Ayamonte

Schiffstouren

Turismar, Altura, Castro Marim, Tel. 281 95 66 34, www.rotaminerio.de. Tagesausflüge auf dem Rio Guadiana bis Alcoutim. Das Schiff ›Uadi-Ana‹ legt tgl. um ca. 9.30 Uhr vom Kai in Vila Real ab (Rückkehr ca. 18 Uhr, gezeitenabhängig).

Transguadiana, Rua Diogo Cão, Loja 8, Monte Gordo, Tel. 281 51 29 97, www.transguadiana.com. Ausflüge und Kurztrips ab Vila Real auf dem Rio Guadiana.

Hotels

*****Parador de Ayamonte**, Avenida de la Constitución s/n, Ayamonte, Spanien, Tel. 00 34/959 32 07 00, www.paradores.de. Modernes Luxushotel der staatlichen spanischen Hotelkette. Von den Terrassen und vom Garten mit Swimmingpool aus öffnet sich ein herrlicher Blick auf den Rio Guadiana und das portugiesische Castro Marim.

Apolo, Avenida dos Bombeiros Portugueses, Vila Real de Santo António, Tel. 281 512 4 48, www.apolo-hotel.com. Zentral gelegenes Stadthotel mit 45 zwar kleinen, aber recht komfortabel ausgestatteten Zimmern. Abwechslungsreiches Frühstücksbüfett, Pool.

Restaurants

Dom Petisco, Estradada da Ponta de Santo António, Vila Real de Santo António, Tel. 281 54 18 53. Etwas außerhalb der Stadt am Fluss gelegenes Lokal, schöne Terrasse mit Blick nach Spanien. Kleine Speisekarte, spezialisiert auf Fisch.

Caves do Guadiana, Avenida da República 89, Vila Real de Santo António, Tel. 281 54 44 98. Spezialisiert auf frische Muscheln, Tintenfisch und andere portugiesische Fischspezialitäten sowie geschmorten Eintopf. Überschaubare Weinauswahl (Do. geschl.).

17 Monte Gordo

Populärer Badeort mit schier unendlichem Strand.

Der Fischerort Monte Gordo wurde 1755 nach dem Erdbeben von der Flutwelle geschluckt. Im 19. Jh. entstand an seiner Stelle wieder eine kleine Ansiedlung, die seit den 1960er-Jahren vom architektonischen Wildwuchs überwuchert wurde. Heute ist das familienfreundliche Monte Gordo der größte **Badeort** zwischen der

In Ayamontes Altstadtgassen kann man stimmungsvolle Winkel entdecken

spanisch-portugiesischen Grenze und Faro. Doch außerhalb der Saison sind die weißen Hochhäuser verwaist und die gerade mal 3300 Einwohner verlieren sich zwischen den Apartmentblöcken. An der Strandpromenade findet man neben Geschäften, Bars und Restaurants einige alte Fischerhäuschen und das moderne **Casino** (Tel. 281 53 08 00, www.solverde.pt, So–Do 15–3, Fr/Sa 16–4 Uhr), in dem man sich bei Shows, Roulette, Black Jack u.a. vergnügen kann.

Der Ferienort ist auf die weitläufige **Praia de Monte Gordo** ausgerichtet, die auf mehr als 100 m Breite feinen weißen Sand bietet. Im Osten geht sie in die *Praia de Santo António*, im Westen in den weniger frequentierten ›Deutschenstrand‹ *Praia do Alemão* über. Die flachen, warmen Küstengewässer und die ruhige Brandung sind ideal für einen Badeurlaub mit Kindern und für alle, die das Windsurfen lernen wollen.

Ausflug

Etwa 5 km westwärts von Monte Gordo zweigt von der Straße nach Altura die Zufahrt zur **Praia Verde** ab, einem der schönsten Strände der Sandalgarve. Von der gleichnamigen Feriensiedlung auf einem bewaldeten Hügel führen Fußwege zum Strand, an dem Schirmkiefern etwas Schatten spenden. Auch das Strandrestaurant verspricht einen angenehmen Aufenthalt. Wer nicht nur in der Sonne liegen mag, kann von hier aus in einem ca. 60-minütigen, reizvollen Strandspaziergang *Cacela Velha* [s. S. 52] erreichen.

ℹ️ Praktische Hinweise

Information

Posto de Turismo, Avenida Infante Dom Henrique, Monte Gordo, Tel. 281 54 44 95, www.cm-vrsa.pt

Schiffstouren

Riosul, Rua Tristão Vaz Teixeira 15, Monte Gordo, Tel. 281 51 02 00, www.riosultravel.com. Flusskreuzfahrten auf dem Rio Guadiana, auch zum Sonnenuntergang.

Camping

*Parque de Campismo Municipal de Monte Gordo, Tel. 281 51 09 70, www.cm-vrsa.pt. Einfacher, ordentlicher Platz am östlichen Ortsrand, sehr groß und viel von Wohnwagen genutzt. Direkter Zugang zum Strand, Restaurant und Kiosk.

Hotels

***Casablanca Inn, Praça Casablanca, Monte Gordo, Tel. 281 51 14 44, www. casablancainn.pt. Arabisch dekoriertes Hotel mit einer Bar im Stil von ›Ricks Café‹, Swimmingpool.

Residencial Madalena, Rua Dom Francisco de Almeida 94, Monte Gordo, Tel. 281 51 03 20, www.residencialmadalena.pt. Nette Pension mit modern eingerichteten Zimmern und Restaurant mit traditioneller Küche.

Restaurants

Salão Oceano, Avenida Infante Dom Henrique, Monte Gordo, Tel. 281 53 08 00, www.solverde.pt. Beliebtes Restaurant im Kasino (s. S. 59) für ein gediegenes Abendessen. Shows und Konzerte bieten allerlei Zerstreuung (Mo–Mi geschl.).

Vale do Douro, Rua Gil Eanes 17, Monte Gordo, Tel. 281 54 40 80. Authentische portugiesische Küche (Do geschl.).

Pezinhos n'Areia, Praia Verde, Tel. 281 51 31 95, www.pezinhosnareia.com. Elegantes Strandlokal mit hübscher Terrasse und Meerblick. Ausgezeichnete Fischspezialitäten (Nov.–März geschl.).

18 Castro Marim

Beschauliches Dorf im Schutz zweier Festungen.

Folgt man dem Rio Guadiana von seiner Mündung landeinwärts, wird er nach ca.

3 km schmaler und übersichtlicher. Den besten Blick über die Flussniederungen, das Schwemmland und die Salinen bieten zwei von markanten Festungen gekrönte Anhöhen am Westufer. An die sanft ansteigenden Hänge schmiegt sich das Dorf Castro Marim (3200 Einw.).

Archäologische Funde weisen auf eine **phönizische Besiedelung** des strategisch bedeutsamen Ortes bereits im 4. Jh. v. Chr. Bevor die Seitenarme des Rio Guadiana reguliert wurden, war der nördliche Burgberg eine Insel im Fluss. Auf ihr hatten die **Mauren** Befestigungen errichtet, die Dom Paio Peres Correia 1242 eroberte. König Dinís baute die maurische Feste von Castro Marim schließlich 1319 aus zu einer Burganlage, zum **Castelo** (Tel. 281 51 07 46, Nov.–März tgl. 9–17, April–Okt. tgl. 9–19 Uhr). Er übergab sie dem 1317 gegründeten, gerade vom Papst anerkannten **Christusritterorden** zur Verteidigung Portugals gegen Spanien. Der dem portugiesischen König eng verbundene, einflussreiche Orden hatte hier seinen Hauptsitz, bis er ihn 1356 ins Kloster *Convento da Ordem de Cristo* in Tomar verlegte. Die Burg wurde später weiter befestigt und diente im 16. Jh. vorübergehend als Gefängnis der Inquisition. Innerhalb der Burgmauern befinden sich die *Igreja de Misericórdia*

Wie vor 700 Jahren wacht das trutzige Castelo noch heute über Castro Marim

Bis zum Horizont zieht sich der lange feine Sandstrand von Monte Gordo

mit dem Renaissanceportal, das ehem. Pulverhaus, sowie eine kleine Wohnburg mit vier runden Ecktürmen. Heute beherbergt das Castelo eine feine archäologische Ausstellung *Núcleo Museológico* (tgl. 10–13 und 15.30–17 Uhr) mit regionalen Funden aus dem Neolithikum und der Kupfersteinzeit.

*Majestätisch erhebt sich das Ensemble
der Igreja Matriz an der Praça 1º de Maio*

Die Straßen von Castro Marim ziehen sich ringförmig um den Burgberg. Dort, wo einst die Verbindungsmauer zwischen Burg und Fort verlief, weitet sich heute die dreieckige **Praça 1º de Maio**. An dem hübsch gestalteten Hauptplatz mit Springbrunnen liegen die kleine Markthalle, das Rathaus und die Touristeninformation. Eine Treppe führt zur dreischiffigen **Igreja Matriz de Nossa Senhora dos Mártires** oberhalb des Platzes. Die kuppelgeschmückte Kirche wurde nach einem Brand 1960 im Stil des 19. Jh. wieder aufgebaut.

Reserva Natural do Sapal

2308 ha umfasst die Reserva Natural do Sapal am Rio Guadiana nördlich von Castro Marim. Seit 1975 steht das Ökosystem der Flussmarschen mit seiner reichen Artenvielfalt unter **Naturschutz**. Zwar wird auf etwa einem Drittel der Fläche **Meersalz** gewonnen, doch nutzen Flamingos und Reihervögel die Wasserbecken der Salinen ebenfalls – zur Futtersuche. Vogelbeobachter und Naturliebhaber können hier manche Entdeckung machen. In einem großen Ziegelgebäude unterhalb der Autobahnbrücke, die Vila Real mit Ayamonte verbindet, befindet sich das **Centro de Interpretação** (Sapal de Venta Moinhos, Tel. 281 51 06 80, Mo–Fr 9–12.30 und 14–17.30 Uhr), das Broschüren zur Reserva Natural bereithält. Man gelangt über eine mit ›Transito local‹ ausgeschilderte Abzweigung der N 122 dorthin. Vom Informationszentrum führen Fuß-

Auf der benachbarten, südlichen Anhöhe ließ João IV. 1641 nach dem Ende der Restaurationskriege gegen Spanien das **Forte São Sebastián** errichten, um Castro Marim und Portugal zusätzlich zu schützen. Dieses *Castelo Novo* war durch eine begehbare Mauer mit der älteren Burg verbunden, die jedoch im 20. Jh. einer Straße weichen musste.

Erhaltene Mauerreste des Castelo Novo am südwestlichen Ortsrand von Castro Marim

Flamingos lieben die flachen Salzseen und feuchten Wiesen der Reserva Natural do Sapal

Von großen Vögeln und kleinen Fischen

Die Feuchtgebiete am Mündungstrichter des Rio Guadiana bilden ein meernahes Ökosystem, das von den Gezeiten abhängt und sich durch eine enorme Vielfalt der Flora und Fauna auszeichnet. Allein die *Reserva Natural do Sapal* ist für 439 Pflanzenarten, viele von ihnen sog. **Halophyten** (Pflanzen, die im Salzwasser gedeihen), für 10 Fisch- und 11 Amphibien-, 40 Muschel- und Schalentierarten, 13 Reptilienspezies sowie 153 Vogel- und 13 Säugetierarten der ideale Lebensraum.

Viele Tiere machen es den Naturliebhabern schwer, sie zu entdecken, da sie im Wasser und Sand leben, klein und unscheinbar sind. Am spektakulärsten sind die **Vögel**, darunter Fischadler, Störche und Schnepfen. Im Frühjahr und Spätsommer machen auch viele Zugvögel auf ihrem Weg von und nach Nordafrika im Sapal Rast. Die grazilen **Flamingos**, die mit Vorliebe in den ruhigen Wasserbecken der Salinen nach Nahrung gründeln, sind die größte Attraktion dieses Naturschutzgebiets. Im Winter kann man Kolonien mit bis zu 1000 Tieren beobachten, die sich jedoch bei der Annäherung von Menschen wie eine rosa Wolke in die Lüfte erheben und erst nach einigen Hundert Metern wieder landen. Die Jungvögel verbringen übrigens ihr ganzes erstes Jahr in der Region, während die erwachsenen Flamingos zum Nisten in den Süden Spaniens fliegen.

wege über aufgeschüttete Dämme zu den ausgewiesenen Aussichtspunkten und Vogelbeobachtungsstationen im Naturschutzgebiet.

i Praktische Hinweise

Information

Posto de Turismo, Ponte Internacional do Guadiana, Monte Francisco, Castro Marim, Tel. 281 53 18 00

Posto de Turismo, Rua José Alves Moreira 2–4, Castro Marim, Tel. 281 53 12 32

Restaurant

Manel d'Agua, Estrada do Mouro Vaz 12, Castro Marim, Tel. 281 53 14 80. Volkstümliches Grilllokal, Fisch und Fleisch in Hülle und Fülle.

19 Guadiana-Tal

Einsame Dörfer im hügeligen Hinterland des Rio Guadiana-Tales.

Odeleite – Foz de Odeleite – Laranjeiras – Guerreiros do Rio

Sanfte **Hügel** prägen das beschauliche Hinterland zwischen Rio Guadiana und den Flüsschen Ribeira de Odeleite und Ribeira de Foupana. Zwar wird verstärkt aufgeforstet, doch noch stehen nur vereinzelt Laubbäume auf den mageren Ziegen- und Schafweiden. So friedlich es hier ist, so wenig Arbeitsplätze bietet die Region. Das Dorf **Odeleite** beispielsweise blieb von Tourismus und Wirtschaftsaufschwung unberührt, die meisten jungen Leute wandern auf der Suche nach Arbeit an die Küste ab. Zurück bleiben vor allem die Alten, die vor ihren einfachen weißen Häuschen sitzen und mitunter noch die traditionelle Kunst des *Körbeflechtens* pflegen, in den engen Gassen ein Schwätzchen halten oder in der kleinen Kirche aus dem 16. Jh. beten und beichten. In Odeleite, das unterhalb einer Talsperre liegt, die den Ribeira de Odeleite zu einem großen See anstaut, scheint die Zeit stehen geblieben zu sein.

Ab Odeleite lohnt es sich, statt auf der Hauptstraße EN 122 auf der alten kurvenreichen Römerstraße am Rio Guadiana entlang nordwärts zu fahren. Bei **Foz de Odeleite** senken sich die aufgeforsteten Höhen in ein weites Tal, in dem der etwa 200 m breite ›Fluss des Südens‹ verläuft. Inmitten dieser großartigen Landschaft liegt einsam das Dorf mit ein paar Ferienhäuschen und dem im Sommer geöffneten Lokal in der Nähe des Anlegestegs für die Ausflugsboote aus Vila Real. Die Fahrt auf dem meist träge zwischen grünen Hügeln und Feldern dahinfließenden Rio Guadiana ist ein sehr stimmungsvolles Naturerlebnis.

Bei **Laranjeiras** kann man zum Flussufer hinunterspazieren, wo die Grundmauern einer *römischen Villa* freigelegt wurden. Die verlassenen Hütten an der Straße und am Ufer des Rio Guadiana gehören zu ehem. Grenzposten. Deren Besatzungen hatten seit dem 16. Jh. bis zum Beitritt Spaniens und Portugals in die EU 1986 die Aufgabe, den regen Schmuggel zwischen beiden Ländern zu unterbinden.

Einer der einsamen Weiler weiter flussaufwärts ist **Guerreiros do Rio**. In der alten Grundschule des winzigen Fischerortes wurde das **Museu do Rio** (Tel. 28154 73 80, April–Sept. tgl. 9.30–13 und 14.30–18, Okt.–März 9–13 und 14–17 Uhr) eingerichtet. Es dokumentiert den Arbeitsalltag, die Feste und Traditionen der Gegend, deren Bewohner seit jeher von und mit dem Fluss leben.

20 Alcoutim

Jahrhundertelanges Säbelrasseln wich friedlicher Koexistenz mit Spanien.

Weitab von der Hektik der Küste hat sich das verträumte Alcoutim (900 Einw.) von seiner einstigen Funktion als Grenzfeste zum beliebten **Ausflugsziel** im Nordosten des Bezirks Algarve entwickelt. Am gegenüberliegenden Ufer des Rio Guadiana leuchtet das spanische *Sanlúcar del Guadiana* in der goldenen Abendsonne.

Geschichte Die Römer nannten ihren Verteidigungsposten am Zusammenfluss der kleinen Ribeira de Cadavais mit dem Rio Guadiana **Alcoutinium**. Nördlich des heutigen Alcoutim sind noch Mauerreste vom römischen *Castrum* mit einer Zisterne auszumachen. Westgoten, Mauren und Portugiesen setzten in den folgenden Jahrhunderten die militärische Tradition fort. Geschichte schrieb der Ort aber erst im 14. Jh. mit dem **Friedensvertrag von Alcoutim**, den Enrique II. von Kastilien und Fernão I. von Portugal 1371 auf einem Flussschiff, gewissermaßen im ›Niemandsland‹ zwischen beiden Ländern, unterzeichneten. Der Frieden war nicht von langer Dauer, da Fernão es ablehnte, vertragsgemäß die spanische Prinzessin zu heiraten. Stattdessen pflegte er eine skandalöse Affäre mit der geschiedenen Lebedame Leonor Teles. An den Vertrag von Alcoutim erinnert eine Tafel am Eingangstor zur Burg.

Bis weit ins 17. Jh. hinein bekämpften sich Spanien und Portugal immer wieder, und Alcoutim wurde zur **Grenzfeste** gegen das benachbarte spanische Sanlúcar ausgebaut. Im 19. Jh. hatte es Bedeutung als Flussfischereihafen sowie als Anlegestelle der Lastkähne, die von Pomarão am Zusammenfluss von Rio Chanza und Rio Guadiana Kupfer und Schwefel aus den Minen von São Domingos brachten. Heute machen Reisende auf dem Weg von der Algarve nach Norden im Alentejo und ins malerische Städtchen *Mértola* gern Rast in dem beschaulichen ›weißen Dorf‹ am Rio Guadiana.

Besichtigung Oberhalb von Alcoutim grüßen die wehrhaften Burgmauern des **Castelo** (Tel. 281 54 05 55, April–Sept. tgl. 9.30–19, Okt.–März 9.30–17.30 Uhr), das König Dinís Anfang des 14. Jh. errichten ließ und das bis 1871 militärisch genutzt wurde. Das Kastell war von großer strategischer Bedeutung bei der Sicherung der Grenze zu Spanien, sodass es mehrfach umgebaut und erweitert wurde – vor allem zu Zeiten der Restaurationskriege im 17. Jh. In der Burg dokumentiert heute eine modern konzipierte Ausstellung mit prähistorischen, archäologischen und mittelalterlichen Funden aus der Region deren Geschichte seit dem Neolithikum.

Wie ein Spiegelbild von Alcoutim – Sanlúcar am spanischen Ufer des Rio Guadiana

Hoch oben am westlichen Ortsrand erhebt sich die strahlend weiße Kapelle **Ermida de Nossa Senhora da Conceição** (Di–So 9–13 und 14–17 Uhr) mit einem manuelinischen Portal aus dem 16. Jh. Die schlichten Skulpturen und Gemälde mit stark volkstümlichen Zügen im Innern sind beispielhaft für die naiv-fromme Sakralkunst, die für die kleinen gotischen Kirchen der Gegend typisch ist.

Vom Vorhof der Kirche blickt man hinunter auf den kompakten **Ortskern**, der mit seinen schmucken weißen Häusern ohne Zweifel einer der schönsten im gesamten Algarve-Hinterland ist.

Wenige Gebäude ragen aus der Silhouette hinaus, z. B. die imposante **Casa dos Condes** an der Praça da República. Der einstige Sitz der Herzöge von Alcoutim wird heute als Kulturhaus für Kunstausstellungen und andere Veranstaltungen genutzt. Am Ufer des Rio Guadiana fällt die strahlend weiße **Igreja Matriz do Salvador** aus dem 16. Jh. auf, die im Inneren gut erhaltene Renaissancekapelle und Basreliefs vorweisen kann. Am nahen

Kai legen die Ausflugsdampfer von Vila Real oder Monte Gordo an. Hier befinden sich auch einige Geschäfte und Lokale, von deren Terrassen man über den hier 250 m breiten, behäbig dahinströmenden Fluss blicken kann.

Der weiteste Blick über Alcoutim, das Umland und den Grenzfluss eröffnet sich jedoch von einer Anhöhe, 1 km nördlich der Ortschaft, vom jederzeit zugänglichen Gelände mit den Überresten des **Castelo Velho**. Das Kastell, das die Mauren im 8./9. Jh. zu Verteidigungszwecken errichten und ausbauen ließen, brannte im 12. Jh. weitgehend ab. Heute zeugen hier nur noch die faszinierenden Fundamente von der über rechteckigem Grundriss angelegten maurischen Siedlung innerhalb der von vier Türmen bewachten Burgmauern.

Am Alcoutim gegenüberliegenden Ufer zieht sich das spanische **Sanlúcar** den Hang hinauf, wie ein Spiegelbild des portugiesischen Ortes. Die dortigen weißen Häuser werden überragt von der mächtigen Festung *San Marcos*, die im

Via Algarviana: Wandern quer durch die Algarve

Die Wanderwege der Algarve zusammenzuführen, um der wachsenden Gruppe von Wanderern, Treckern und Mountainbikern ein fantastisches Angebot machen zu können und den Tourismus umweltverträglich zu fördern: So entstand der **Fernwanderweg** GR13 – die Via Algarviana.

Auf 300 km Länge verläuft der Weg von **Alcoutim** an der östlichen Grenze zu Spanien auf Land- und Waldwegen durch das dünn besiedelte, mehr oder weniger hügelige Hinterland der Algarve, bis in Sagres am **Cabo de Sao Vicente** ein beeindruckender Sonnenuntergang einen Schlusspunkt unter die Reise setzt.

Die 14 Etappen zwischen 14 und 30 km Länge zeigen **grandiose Natur**, aber auch das **kulturelle Erbe** der Algarve. Die Organisatoren des Projektes haben zu jedem Teilstück wichtige Informationen wie Länge, Schwierigkeitsgrad und Dauer, aber auch Flora, Fauna und Sehenswürdigkeiten zusammengestellt. Auch Unterkünfte werden angegeben – je nach Saison ist ein frühes Buchen sinnvoll.

Ausführliche Informationen, Karten und Beschreibungen finden Sie auf www.viaalgarviana.org.

13. Jh. erbaut wurde. Die Burgen hüben wie drüben legen Zeugnis ab von den früheren Grenzquerelen der rivalisierenden Nachbarn Portugal und Spanien. Aber heute pflegt man freundlichere Beziehungen. Geschäftig überqueren kleine **Fährboote** den Fluss und manche Bürger von Alcoutim wohnen sogar inzwischen auf der spanischen Seite.

ℹ Praktische Hinweise

Information

Posto de Turismo, Rua 1 º de Maio, Alcoutim, Tel. 281 54 6179, www.cm-alcoutim.pt

Hotels

***Guadiana River Hotel**, Avenida de Espanha, Alcoutim, Tel. 281 54 01 20, www.grupofbarata.com. Das sympathische Hotel bietet 31 komfortable Zimmer, dazu ein herrliches Panorama, Swimmingpool und Tennisplatz.

Pousada da Juventude, am nördlichen Rand von Alcoutim, Tel. 281 54 60 04, www.pousadasjuventude.pt. Moderne Jugendherberge mit 50 Betten und Pool. Fahrrad- und Kanuverleih.

Restaurant

Cantarinha do Guadiana, Montinho Das Laranjeiras, Alcoutim, Tel. 281 54 71 96. Hervorragende Hausmannskost mit lokalen Zutaten, guter Wein. In der Hauptsaison stets gut besucht, besser telefonisch reservieren.

21 Östliche Serra do Caldeirão

Die Dörfer der Serra sind bodenständig und freundlich.

Clarines – Giões – Martim Longo – Vaqueiros – Cachopo

Von Alcoutim führen die Nationalstraßen EN 122-1 und EN 124 nach Westen über die Dörfer der Serra do Caldeirão, vorbei an Stauseen und kleinen Weilern, uralten Kirchlein und einstigen Bergarbeitersiedlungen. Die alle um die 300 m hoch gelegenen Orte gleichen sich auch bezüglich ihrer einfachen Küche, der herzlichen Gastfreundschaft in schlichten Wirtshäusern und im traditionellen **Kunsthandwerk**. Die Frauen fertigen Decken aus bunten Stoffresten, weben Leinenhandtücher, basteln Jutepuppen, fertigen Blumengestecke oder flechten Strohhüte. Die Männer flechten Körbe oder arbeiten als Sattler und Schmiede.

Pereiro liegt auf einer steinigen, trockenen, doch herb-schönen Ebene. Die typischen lang gezogenen Lehmhäuser sind weiß getüncht, um Fenster- und Türöffnungen herum oft blau abgesetzt. Einige haben gemeinschaftliche *Außenbacköfen*. 3 km westlich des Dorfes führt eine schmale Straße über Tesouro und Farelos nach Norden. Die hiesigen Siedlungen mit malerischen alten Landarbeiterhäuschen ähneln bereits den Montes des Alentejo. Ganz ursprünglich erhalten ist das Dorf **Clarines**, von dem aus der Grenzfluss zum Alentejo, der *Rio Vascão*, gut zu erreichen ist. Einen gemütlichen Spaziergang kann man dorthin zwar nicht machen, aber eine Wanderung führt über Aguas Santas durch die wunderbare Landschaft. Zum Abschluss kann man im sauberen Wasser des Flüsschens ein erfrischendes Bad nehmen.

Der Besuch von **Giões** lohnt besonders wegen der dortigen *Igreja Matriz*, einer gotischen Kirche aus dem 15. Jh., an der seitdem wenig verändert wurde. Das Altarbild stammt ebenso wie die Darstellungen des hl. Petrus und einer Rosenkranzmadonna aus dem 16. Jh.

Im hügeligen Land zwischen den Flüsschen Foupana und Vascão liegt **Martim Longo**, mit 1000 Einwohnern der größte Ort der Serra do Caldeirão. Die weiß gekalkten Häuser des Dorfes gruppieren sich um die drei kleine Kirchen, die alle im 16. Jh. entstanden sind. Auffällig sind die variantenreichen, hohen tönernen Kamine auf den Dächern der Wohnhäuser, die noch aus der Zeit stammen, in der es in Martim Longo mehr als 20 Töpfereien gab. Von ihnen ist heute keine mehr übrig geblieben.

Die Kirche von **Vaqueiros** stammt aus dem 16. Jh., gründet jedoch auf einer im 13. Jh. zerstörten Moschee. In der Nähe des Dorfes entdeckte ein englischer Ingenieur 1862 eine alte Kupfermine. 30 m tief ist diese **Cova dos Mouros** (Tel. 289 99 92 29, http://minacovamouros.site pac.pt, Besichtigung nach telefonischer Voranmeldung), eigentlich nicht mehr als ein offener Schacht. Inzwischen haben Funde aus der jüngeren Bronze- und der Römerzeit bewiesen, dass die Mine schon vor 2700 Jahren ausgebeutet wurde. Die benachbarte, verlassene Bergarbeitersiedlung *Aldeia das Ferrarias* wurde zum Freilichtmuseum umgewandelt. Auf dem etwa 1 km langen Rundweg erfährt man alles Wissenswerte über den Kupferabbau früherer Tage. Neben der Mine befindet sich die **Reserva dos Burros**, eine Zuchtstation mit weitläufigen Gehegen für den von der Ausrottung bedrohten Iberischen Esel. Kinder dürfen auf den freundlichen Grautieren auch reiten.

10 km weiter westlich, im bewaldeten Teil der Serra, liegt am Hang das Dörfchen **Cachopo**, dessen heute versiegte *Mineralquelle* es im 19./20. Jh. zum Badeort und zur Sommerfrische machte. Heute wirken die weißen Häuser an steilen Gassen fast verlassen. Am Ende einer imposanten halbrunden Treppe oberhalb des Dorfes erhebt sich die gedrungene *Igreja de Santo Estêvão*, von deren Kirchturm man einen guten Rundblick hat. In der Sakristei stellt eine kleine Ausstellung die heutige Spezialität des Ortes vor, den *Medronho-Schnaps*.

Von Cachopo führen zwei gewundene Straßen durch unbewohntes Bergland

Manche Bewohner der Serra do Caldeirão verstehen sich noch aufs Körbeflechten

zurück an die Küste: Die N 124 verläuft südwestwärts und erreicht bei Baranco Velho die Hauptstraße N 2 nach São Brás de Alportel, die N 397 Richtung Süden endet in Tavira.

Traditionelles Handwerk erlebte in den letzten Jahren eine blühende Renaissance

Barlavento – Traumstrände vor goldenen Felskulissen

Als *Barlavento*, ›Luvseite‹, wird die dem Wind zugewandte westliche Algarveküste zwischen Faro und Lagos bezeichnet. Auf einem ca. 10 km breiten Streifen eng bebaut, ist sie der am dichtesten besiedelte Bereich der Algarve. Das Einzigartige des Landstrichs sind seine unzähligen romantischen Strände, die, versteckt in kleinen **Buchten** am Fuß von grandiosen **Steilküsten,** mit feinem, sauberem **Sand** locken.

Diese auch **Felsalgarve** genannte Region ist ideal für einen bequemen Urlaub, denn sie bietet gepflegte Unterkünfte jeder Kategorie, Aquaparks und Zugang zum Meer. Einkaufsmöglichkeiten und Restaurants findet man an jeder zweiten Ecke, dazu gibt es ein vielfältiges Freizeitangebot. Beginnend mit den großen Golfresorts gleich jenseits des Flughafens von Faro, reihen sich Feriensiedlungen wie das künstlich geschaffene **Vilamoura** und inzwischen zu Urlaubszentren herangewachsene Fischerdörfer wie **Armação de Pêra** oder **Albufeira** aneinander. Ferienhauskolonien und Apartmentanlagen erstrecken sich zwischen alten Orten wie **Alvor** oder **Porches**, die sich bemühen, ihren ursprünglichen Charakter zu wahren. Bei alldem ist die Mischung von mondäner Internationalität und bodenständigem Lokalkolorit verblüffend: Der Tourismus hat der Region Wohlstand beschert, ohne ihrer Schönheit zu schaden.

22 Quarteira und Vilamoura

Europas größter Ferienort aus der Retorte.

Die Gemeinde Quarteira (22 000 Einw.) besteht aus zwei ganz unterschiedlichen Vierteln, dem einstigen Fischerdorf Quarteira, in dem es heute zahlreiche Ferienapartments gibt, und der in den 1980er-Jahren westlich davon angelegten luxuriösen **Feriensiedlung** Vilamoura.

In den 1960er-Jahren hatten die ersten Charterflugzeuge Urlauber nach Faro gebracht. Bald darauf schossen in Quarteira Hochhäuser mit Ferienwohnungen an eilig im Schachbrettmuster angelegten Straßen aus dem Boden. Grund für den Bauboom war die wunderschöne, kilometerlange **Praia de Quarteira**, an der man bald kaum noch Platz für ein

Handtuch fand. Aber die große Zeit des Ortes ist vorbei. Inzwischen beherbergen viele der früheren Ferienwohnungen das Personal, das in den umliegenden modernen Resorts und Anlagen arbeitet. Zwar konnte die umfassende Verschönerung in den 1990er-Jahren mit Stranderneuerung und Promenadenumbau die Bausünden der Vergangenheit nicht ungeschehen machen, doch inzwischen kann man in Quarteira wieder hübsche Apartments mieten, an der Strandpromenade mit Blick aufs Meer Kaffee trinken oder in den Restaurants gut und preiswert essen.

Der flach auslaufende, kinderfreundliche Strand von Quarteira ist einladend wie eh und je. Jenseits der Hochhäuser säumen ihn im Osten lichte Kiefernwäldchen. Beim dortigen Campingplatz geht er in die **Praia do Forte Novo** über. Hier, am westlichen Ufer eines in den Atlantik mündenden Baches und schon in Sichtweite des Golfplatzes von Vale do Lobo, finden Liebhaber von Altertümern die frei zugänglichen Ruinen einer römischen Siedlung, **Loulé Velho.** Offensichtlich unterhielten die Römer hier einen

Attraktive Mischung: Sonne und Sand, sauberes Wasser und bizarr verwitterte Felsen ziehen Urlauber zuhauf an die Strände um Albufeira

betriebsamen Fischereihafen, gewannen aus dem Meerwasser Salz und produzierten Pökelfisch.

Westlich von Quarteira beginnen die ›englischen‹ Rasenflächen der Golfplätze von **Vilamoura**: fünf Anlagen mit insgesamt 99 *Greens* bieten alle denkbaren sportlichen Herausforderungen für Golfbegeisterte. Allein die Zimmerzahl in den angeschlossenen Vier- und Fünfsternehotels beläuft sich auf fast 2000. Um die **Marina de Vilamoura** (www.marinade vilamoura.com), mit mehr als 800 Liegeplätzen der größte private Jachthafen Portugals, gruppieren sich die Häuser der urban anmutenden Apartmentsiedlung Vilamoura mit Restaurants und Cafés, Banken und Geschäften, Diskotheken, Kino, Kasino und einer Kirche.

An der Zufahrtsstraße zur Marina befindet sich das kleine, doch interessante **Museu Arqueológico do Cerro da Vila** (Nov.–April tgl. 9.30–12.30 und 14–18, Mai–Okt. 10–13 und 16–21 Uhr). 1963 entdeckte ein Bauer, der sein Feld von Steinen zu befreien versuchte, auf diesem Areal ein spätrömisches Mosaik. Inzwischen haben Archäologen die Reste einer römischen Villa, einer Fischfabrik und einer Nekropole freigelegt.

Der Jachthafen teilt den Strand von Vilamoura in einen kleineren östlichen Abschnitt und die 3 km lange **Praia de Falésia** im Westen, die bei Schwimmern, Surfern und Wellenreitern besonders beliebt ist. Im Hinterland wurden einst landwirtschaftlich genutzte Flächen und schilfbestandene Feuchtgebiete in einen **Parque Ambiental** (http://lusort.com) umgewandelt. Im Rahmen dieses Naturschutzprojektes wurden Bauvorhaben und Golfplätze in die Landschaft integriert, Reitwege und Naturlehrpfade sowie Feuchtbiotope angelegt.

Praktische Hinweise

Information
Posto de Turismo, Praça do Mar, Quarteira, Tel. 289 38 92 09

Camping
*****Orbitur**, Estrada da Fonte Santa, Forte Novo (1 km östlich von Quarteira), Tel. 289 30 28 26, www.orbitur.pt. Weitläufiger, gut ausgestatteter Campingplatz, 600 m vom Strand entfernt.

Hotels
******Vila Galé Ampalius**, Alameda Praia de Marina, Vilamoura, Tel. 289 30 39 00, www.vilagale.pt. Unmittelbar am schönen Strand neben dem Kasino gelegenes Hotel. Alle 357 Zimmer verfügen über Balkon und Meerblick. Diskothek und Wellness im Haus, Freibäder für Erwachsene und Kinder.

*****Dom José**, Avenida Infante de Sagres 143, Quarteira, Tel. 289 31 02 10,

Alle Eisen in der Tasche? Dann kann es ja losgehen, auf den Golfplatz von Vilamoura

Mehr als 800 Jachten finden im modernen Hafen von Vilamoura einen Liegeplatz

www.hoteldomjose.com. Beliebtes Mittelklassehotel direkt an der Strandpromenade mit Swimmingpool.

Restaurants

A Casa do Largo, Largo da Igreja 8 A, Vilamoura, Tel. 289 38 88 47, www.casadolargo.webeden.co.uk. Ein Klassiker! Unbekümmerte Mischung von Speisen aus aller Welt, mexikanische Nachos, indisches Curry und Thai-Spezialitäten. Rechtzeitig reservieren!

O Jacinto, Avenida Sá Carneiro, Costa-Mar-Gebäude, Quarteira, Tel. 289 30 18 87. Das schlichte Lokal bietet exzellente Krabben *(Gambas de Quarteira)* und Meeresfrüchte zu akzeptablen Preisen.

23 Boliqueime und Paderne

Attraktive Ausflugsziele im Hinterland.

Im hügeligen Hinterland von Vilamoura gibt es schmucke Dörfer, in deren Umgebung oft herrliche Villen und Ferienwohnungen inmitten üppiger Gärten liegen.

Die Fahrt von Boliqueime über Paderne Richtung Alte gehört zu den reizvollsten Strecken dieses Küstenabschnitts.

Die grüne Umgebung von **Boliqueime** wird wegen ihres Wasserreichtums und ihrer Fruchtbarkeit gerühmt. Auch in dem als schick geltenden Dorf reichen die Obstwiesen bis an die Ferienhäuser und noblen Lokale heran.

Den engen alten Ortskern beherrscht die **Igreja Matriz São Sebastião**. Sie wurde nach dem Erdbeben von 1755 mit strahlend weiß und blau abgesetzter Fassade errichtet. Im *Café Castanho* neben der Kirche lässt sich noch authentische Dorfatmosphäre schnuppern. Diese spiegeln übrigens auch die Romane der 1946 in Boliqueime geborenen Schriftstellerin **Lídia Jorge** wider, etwa ihr Resümee der Nelkenrevolution ›O Dia dos Prodígios‹ (Tag der Wunder, 1980).

Von Boliqueime fährt man nordwärts durch von Steinmauern eingefasste Gemüsegärten, Orangen- und Olivenhaine. Nach 7 km gelangt man im Tal des Rio Quarteira nach **Paderne**, einem ruhigen, malerischen Ort mit schmalen Gassen und hübschen weißen und korallenroten Häusern. Eine steile römische Brücke führt hier über den Fluss, an dessen Ufer

Reizvoll liegen die weißen Häuser von Paderne im grünhügeligen Binnenland

schöne Wanderwege verlaufen. Südlich von Paderne sind auf einer Felsnase die Ruinen eines maurischen **Kastells** zu sehen, das unter dem Namen *Badirna* im 13. Jh. von Mauren und Santiagoordensrittern heiß umkämpft war.

ℹ Praktische Hinwise

Hotel

TOP TIPP **The Boliqueime Inn**, Casas Leirias, Boliqueime, Tel. 919 08 20 73, www.algarve-holidays.net. Die irischen Besitzer restaurierten einen alten Landgasthof im Ort. Die gesamte Einrichtung der elf Zimmer ist im englischen Stil gehalten. Zur Anlage gehören auch Terrasse und Swimmingpool. Das renommierte Restaurant bietet auch Ausflüglern erlesene Weine und sorgfältig zubereitete internationale Küche.

Restaurants

Moiras Encantadas, Rua Miguel Bombarda 2, Paderne, Tel. 289 36 87 47, www. restaurantemoirasencantadas.com. Gemütliches Feinschmeckerrestaurant mit moderner portugiesischer Küche.

Mato à Vista, Estrada do Foral, Paderne Tel. 289 36 71 01, restaurantematoavista.pt. Das große Restaurant ist bekannt für seine hervorragenden Wild- und Grillspezialitäten.

Typisch für den Süden Portugals sind die hohen, durchbrochenen Tonkamine

24 Alte

TOP TIPP *Malerisches Dorf mit buntem Blumenschmuck fernab der Küste.*

Schon von weitem sieht man die weißen Häuser von Alte an den südwestlichen Ausläufern der *Serra do Caldeirão*, eingebettet in das dichte Grün von Eichen, Oliven- und Erdbeerbäumen. Wasser, das sich in Bächen und Kaskaden, klaren Quellen und sauberen Brunnen zeigt, spielt in der Region eine wichtige Rolle. Wasser ist auch das Hauptmotiv von Alte (2000 Einw.), das als Ausflugsziel und Feriendomizil immer beliebter wird. Bei einem Bummel über die teils kopfsteingepflasterten Straßen lohnt sich immer wieder ein Blick nach oben. Dabei sieht man entweder kunstvoll durchbrochene Kamine, *Chaminés*, auf den Dächern oder blühende Bäume und Büsche, die zu jeder Jahreszeit in farblichem Kontrast über strahlend weiße Mauern ranken.

In Alte haben sich einige **Kunsthandwerker** niedergelassen. Ihre Werkstätten, mehrere attraktive Lokale, Läden und Souvenirgeschäfte bilden das kleine Ortszentrum. Dort lohnt ein Besuch der **Igreja Matriz de Santa María da Assunção** aus dem frühen 16. Jh. mit manuelinischem Portal. Innen besticht die dreischiffige Kirche mit naiv-ländlichem Charme. Reizend sind etwa die hölzernen Heiligen-statuen in den Seitenschiffen, aber auch die bemalten Schlusssteine des im 18. Jh. ebenso wie die Wände mit Azulejos ge-schmückten Gewölbes.

Mehrere Spazierwege erschließen die einladende Umgebung von Alte. Geht man etwa 10 Min. Richtung Osten, er-reicht man die hübsche Parkanlage um den kleinen Brunnen **Fonte Pequena**, auch bekannt als *Fonte das Bicas*. In die Lehnen der Bänke ringsum sind Verse des aus Alte stammenden Dichters *Cân-dido Guerreiro* (1871–1953) eingraviert. In jeweils 20 Min. gelangt man von hier zu den Quellen **Fonte Grande** (mit Bade-becken) oder **Olho de Boi** (mit Picknick-tischen). Ca. 2 km weiter plätschert der 24 m hohe Wasserfall **Queda do Vigário**, der ›Pfaffensprung‹. Er entstand 1690, als der Dorfbach zu Bewässerungszwecken umgeleitet wurde.

Bis in den letzten Zwickel ist die Seitenkapelle der Igreja Matriz mit Azulejos verkleidet

ℹ️ **Praktische Hinweise**

Information

Posto de Turismo, Rua Condes de Alte, Alte, Tel. 289 47 80 60, www.jf-alte.pt. Angeschlossen ist eine Kunstgewerbeausstellung mit Gemälden, Azulejos und anderen regionalen Produkten.

Hotel

***Alte**, Estrada de Santa Margarida 33, Montinho, Tel. 289 47 85 23, www.alte hotel.com. Gepflegtes Hotel in schöner Gartenanlage am Dorfrand mit elegantem Restaurant, Pool und Tennisplatz.

Restaurants

Cantinho d'Alte, Avenida 25 de Abril 11 B, Alte, Tel. 289 47 82 72. Grillrestaurant mit Terrasse im Zentrum (Mi geschl.).

Fonte Pequena, Rua da Fonte Grande, Alte, Tel. 289 47 85 09, www.fontepequena. com. Beliebtes Ausflugslokal an der gleichnamigen Quelle (Mo geschl.).

Aus den Früchten des Erdbeerbaumes destilliert man Hochprozentiges

Medronhos – rote Farbtupfer im Wald

Aus dem Unterholz vieler Mittelmeerwälder leuchtet der rötliche Stamm des **Erdbeerbaums**, Arbutus unedo. Eigentlich ist es eher ein immergrüner Busch, selten wird er mehr als 2–3 m hoch. Seine hellroten kugelrunden Beeren schmecken leicht süßlich, sind von mehliger Konsistenz und voller kleiner gelblicher Samen. An der Algarve werden sie zu einem für die Region typischen Obstler verarbeitet. Manche der Landarbeiter und Fischer nehmen morgens vor der Arbeit zum Wecken der Lebensgeister einen solchen **Aguardente de Medronho** zu sich. Sie schwören, dass der Schnaps keinen Kater verursache, wenn man ihn nur unverdünnt trinke, obwohl er bis zu 50 % Alkohol enthält. Die Herstellung des Hochprozentigen ist einfach: Auf 10 kg Früchte setzt man 3 l Wasser an und lässt das Ganze 20 Tage lang zur Fermentierung stehen, bevor der Brand destilliert wird. Das Resultat ist etwa 1 l klarer Schnaps.

In den Geschäften werden Schnäpse unterschiedlicher Qualität angeboten. Einen guten Medronho erkennt man an der öligen Konsistenz und der Größe der Luftblasen, wenn man die Flasche schüttelt; er ist umso besser, je größer die Blasen sind. Erstklassige Qualität gibt es beispielsweise bei der **Destillerie Guia & Pires** (Tel. 289 47 81 32) in Assumadas, einem Weiler etwa 8 km nördlich von Alte. Vor Ort muss man sich durchfragen, denn das Gebäude unterscheidet sich kaum von den anderen ländlichen Privathäusern. In der Brennerei kann man bei der Herstellung des Feuerwassers zuschauen und sich gleich sein ›gehaltvolles Andenken‹ mitnehmen.

🔲 **Olhos d'Água**

Schöne Strandbuchten, abgeschirmt durch ein Wirrwarr von Feriensiedlungen.

Zwischen Quarteira und Albufeira bieten die Buchten der Steilküste rund ein halbes Dutzend herrlicher **Strände**. Doch der Zugang zu ihnen ist schwierig und Parkplätze sind knapp, denn das Gebiet ist von vielen Siedlungen durchzogen.

Der Strand von Olhos d'Água ist der schönste dieses Küstenabschnitts. Das Dorf erhielt den Namen ›Wasseraugen‹ nach den hiesigen **Süßwasserquellen** im Meeresboden, die man bei Ebbe aus dem Sand sprudeln sieht. Die wenigen Straßen münden in den Zugang zur restaurantgesäumten *Praia dos Pescadores*. Sie ist nach den noch heute ausfahrenden Fischern benannt, die nach dem Fang ihre Boote auf den Strand ziehen. Jenseits eines kleinen Felsvorsprungs schließt sich dann der eigentliche Badestrand an.

Die Felsen an der Praia de Falésia changieren je nach Sonnenstand in Orange, Rot und Gold

Im Osten setzt sich die sandige Küste bis zur **Praia da Falésia** [s. S. 70] fort. Im Ort *Falésia* zweigt ein Sträßchen ab, das zwischen schönen alten Strandpinien endet. Dort führt ein Treppe zum Strand hinab. Eine zweite findet man, wenn man ab Aldeia das *Açoteias* der Ausschilderung zur *Praia* folgt.

Bis an die Steilküste heran reicht der 9-Loch-Platz von *Pine Cliffs Golf*. Er ist berühmt für Loch 3, das nicht umsonst *Devil's Parlour* genannt wird. Man muss den Ball unter Berücksichtigung des Windes 200 m über einen steil abfallenden Klippenabbruch schlagen.

Westlich von Olhos d'Água verdichten sich die Häuser von **Montechoro**, einem Vorort von Albufeira an der Avenida Sá Carneiro, besser bekannt als **O Strip**, ›der Strip‹. An der großen Kreuzung mit der Rua Alexandre Herculano in **Areias de São João** befindet sich das Zentrum des küstennahen Siedlungsmolochs mit seinen Supermärkten, Banken und Kneipen. Außerdem findet man dort die bedeutendste Stierkampfarena der Algarve, die Praça de Touros, in der von Ostersonntag bis Anfang Oktober meist donnerstags und sonntags Touradas veranstaltet werden.

Der Strip endet am meist überfüllten Parkplatz auf den Klippen über der **Praia d'Oura**. Dieser sehr schöne Sandstrand liegt im Schutz mächtiger Steilwände, Ferienwohnungen reichen dicht heran. Nach Osten hin wird der Strand steiniger und etwas ruhiger. Die Felsnase im Westen krönen die Ruinen eines alten Forts.

ℹ️ Praktische Hinweise

Hotels
*******Sheraton Algarve Hotel**, Praia da Falésia, Albufeira, Tel. 289 50 01 00,

Über der Praia da Falésia bietet das Sheraton seinen Gästen ein besonderes Buffet

www.luxurycollection.com. Das spektakulär auf einer Klippe gelegene Luxushotel in maurischem Stil bietet hohen Komfort, mehrere Außenpools und einen Innenpool sowie mehrere Restaurants.

******Ondamar Hotel**,
Urbanização Areias de São João,
Tel. 289 58 67 74, www.ondamar.pt.
Das gut ausgestattete Apartmenthotel mit Fitnessstudio, Pool- und Gartenlandschaft liegt nur 1 km vom Strand Praia do Forte entfernt.

Restaurants

Julie's, Praia d'Oura, Tel. 289 51 09 00. Während man in dem kleinen Grill-restaurant speist, hat man den ganzen Strand im Blick.

Lima, Estrada de Vale de Pedras, Montechoro, Tel. 289 54 12 42. Rustikales Lokal, das Fleisch und Fisch frisch zubereitet. Hervorragendes Huhn Piri-Piri.

O Caixote, Olhos d'Água, Tel. 289 50 10 03. Das westlichste Lokal am Strand der Fischer mit netter Terrasse, auf der Snacks und Erfrischungen gereicht werden.

Nachtleben

Discoteca Kiss, Rua Vasco de Gama, Areias de São João, Tel. 289 59 02 80, www.kissclubalgarve.com. Seit Jahren einer der beliebtesten Nachtklubs an diesem Küstenabschnitt (tgl. 0–6 Uhr).

Stierkampf auf Portugiesisch

Seit Marquês de Pombal im 18. Jh. für die portugiesische Form des Stierkampfs Regeln aufstellte, wird das Spektakel als Kräftemessen zwischen Mensch und Stier, einem Inbegriff der Urkräfte der Natur, inszeniert. Trompetenklänge und der Einmarsch der festlich gekleideten Mitwirkenden eröffnen jede etwa zwei Stunden dauernde **Tourada**. Dann stürmt der erste von sechs Stieren herein und wird von **Toureiros** zu Fuß mit roten Tüchern, den **Capas**, gereizt. Anschließend bohrt ihm ein **Cavaleiro** vom Pferd aus Widerhaken in den Nacken, um ihn zu schwächen. Erst dann hat der **Matador** zu Fuß oder zu Pferd seinen Auftritt, der in Spanien den Stier auch töten würde. In Portugal beweist er seine Beherrschung des Tiers mit einer roten **Muleta**, einer Art Mantel, mit der er den Bullen reizt. Die Kunst des Toreros besteht

Meist fließt bei der portugiesischen Form des Stierkampfs in der Arena kein Blut

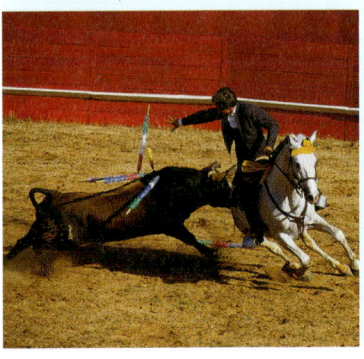

darin, beim provozierten Angriff auf das Tuch eine gute Figur zu machen und den wütenden Stier möglichst nah am Körper vorbeizuführen, ohne von den gefährlichen Hörnern aufgespießt zu werden. Für die elegantere Version zu Pferd kommen feurige lusitanische Vollblüter zum Einsatz. Sie beweisen trotz ihrer instinkthaften Furcht vor dem Stier ungeheure Disziplin und Reaktionsfähigkeit. Nach etwa 20 Min., bevor der Stier das Tuch als Ablenkung erkennen und auf den Matador dahinter losgehen würde, wird das ›Spiel‹ abgebrochen. Aber auch die portugiesischen Stiere überleben den Kampf nicht. Geschwächt werden sie außer Sichtweite des Publikums getötet.

Portugiesen lieben die **Pega**, eine Variante der Tourada. Dabei versuchen acht ungeschützte Männer, die **Forçados**, einen Stier mit bloßen Händen so festzuhalten, dass er sich nicht mehr bewegen kann. Der erste von ihnen hat den gefährlichsten Job, denn er muss sich vom Stier auf die Hörner nehmen lassen, ohne dabei durchbohrt zu werden, damit er ihn von oben am Hals packen und so seinen Kopf niederzwingen kann. Dann versuchen seine Mitstreiter, das Tier an den Beinen oder am Schwanz zu packen und zu Boden zu werfen. Was das Publikum ausgelassen mit Lachsalven und Gejohle begleitet, ist ein sehr gefährliches Unterfangen, das durchaus tödlich enden kann – diesmal jedoch nicht für den Stier, sondern für die Männer.

Moderne Apartmentanlagen bedecken die Hänge um die nette Bucht von Albufeira

26 Albufeira

Metamorphose von der romantischen Küstenfestung zum trubeligen Ferienort.

Seit den 1960er-Jahren ist das einstige Fischerdorf am felsigen Uferhang das Zentrum des Badetourismus an der Algarve. Die Stadt selbst hat etwa 35 000 Einwohner und verfügt nicht nur über zahlreiche Ferienwohnungen und Ferienhäuser, sondern auch über 10 000 Hotelbetten. Mit Diskotheken, Strandbars und umfassenden Freizeitangeboten bietet Albufeira auf dem Unterhaltungssektor die größte Vielfalt. Die *Rua Cândido dos Reis* hat sich bezüglich des Nachtlebens einen gewissen Ruf erworben und wird nicht umsonst auch *Rua dos Bares*, Straße der Bars, genannt.

Geschichte Den siedlungsgeschichtlichen Anfang machten die Römer, deren *Baltum* im 5. Jh. die Westgoten übernahmen. Unter den Mauren wurde daraus im 8. Jh. die prosperierende Handelsstadt *Al Buhera*. In die steil aufragenden Felsen am Strand bauten die Araber eine fast uneinnehmbare Festung, die während der Reconquista 1248 als letzte an der Algarve von Afonso III. erobert wurde.

Das **Erdbeben** von 1755 zerstörte Burg und umliegende Wohnhäuser. Die Menschen flüchteten in die Kirche, die jedoch von einer Flutwelle fortgespült wurde und 227 Personen mit sich riss. Auch nach der Katastrophe blieb das Glück aus. Im Jahr 1833 belagerten **Miguelisten** unter dem berüchtigten *O Remexido* den Ort. Dieser ließ Albufeira schließlich in Brand setzen, um dort verschanzte Liberale zur Aufgabe zu zwingen.

Einen bescheidenen Aufschwung erfuhr Albufeira Ende des 19. und Anfang des 20. Jh. als Zentrum der Fischverarbeitung. Nennenswerten Wohlstand aber brachte erst der **Tourismus**, der das hübsche Dorf ab den 1970er-Jahren im Sturm überrollte und baulich veränderte.

Besichtigung Zwischen Hügeln und Küstenfelsen gelegen, ist das alte Zentrum von Albufeira recht unübersichtlich. In den Gassen herrscht reges Treiben und angesichts der Vielzahl von Andenkenläden, Restaurants, Boutiquen und Straßenverkäufern kann man leicht die wahren Reize des Ortes übersehen. Die wichtigste Straße ist die **Rua 5 de Outubro** ❶, die als Teil der ausgedehnten Fußgängerzone direkt auf den schützenden Felsensaum an der Küste zuführt. Diesen durchquert sie als Tunnel und endet schließlich am feinsandigen Hausstrand **Praia do Peneco** ❷, auch *Praia do Túnel* genannt. Östlich davon bieten am **Praia des Pesca-**

In typischem Schwarzweißdesign ist die Fußgängerzone von Albufeira gepflastert

Portugiesen aber sitzen meist am Rand des Platzes im Schatten und beobachten das Treiben. In Strand- bzw. Tunnelnähe steht die **Capela da Misericórdia** ❺ (15. Jh.) nahe der Praça da República. Sie hat als einzige Kirche des Ortes das Erdbeben von 1755 relativ unbeschadet überstanden und weist um das Portal sowie innen an der Kuppel manuelinische Dekorationen auf. Nebenan befindet sich das **Museum Municipal de Arqueologia** ❻ (Juli/Aug. Sa/So, Di 9.30–12.30 und 13.30–17.30, Mi 9.30–17.30, Do/Fr 14–22, Fr Sept.–Juni Sa/So, Di 9.30–12.30 und 13.30–17.30, Mi–Fr 9.30–17.30 Uhr). Es zeigt Fundstücke von der Vor- und Frühgeschichte bis ins Mittelalter – und bietet einen schönen Meerblick. Interessant ist auch die nach dem Beben im 18. Jh. barock wiederaufgebaute **Igreja São Sebastião** ❼ mit integrierter manuelinischer Seitenpforte an der Praça M. Bombarda. Der leicht maurische Eindruck des Kirchenäußeren entsteht durch den minarettartigen Aufsatz der Kuppel.

Bei Feriengästen sind Schiffsausflüge entlang der Küste beliebt. Dabei wird stets auch auf die **Gruta do Xorino** ❽ hingewiesen, eine Meerwasserhöhle in einer Felswand westlich des Strandes. Die Liberalen brachten sich 1833 hier in Sicherheit, als O Remexio auf der Suche nach ihnen Albufeira niederbrannte. Die Grotte eignet sich auch bestens zum Tauchen, ist allerdings zu Fuß nicht mehr zu erreichen, man muss sich also mit dem Boot dorthin bringen lassen.

dores ❸ die Fischer ein pittoreskes Bild, die wie in alter Zeit bei ihren auf Strand gezogenen, bunt bemalten Booten sitzen, sich unterhalten und Netze flicken.

Der Hauptplatz im Zentrum Albufeiras heißt **Largo Engenheiro Duarte Pacheco** ❹. Urlaubsgäste bevölkern hier die Restaurants und Geschäfte, die alten

Viele Strände, viel Platz – auch für die Fischer von Albufeira

Strände

Albufeira ist von gut einem Dutzend einladender Sandstrände umgeben. Sie liegen im Schutz der goldenen Sandsteinklippen entlang der Steilküste und sind alle gleichermaßen zu empfehlen. Im Osten locken *Praia d'Oura* [s. S. 75], *Praia da Santa Eulalia, Praia da Balaia und Praia da Maria Luisa*. Im Westen liegt direkt am gleichnamigen Ort die **Praia da Baleeira**, gefolgt von den romantischen Badebuchten der Strände *São Rafael*, *Vigia*, *Coelha* und *Evaristo*. Die eng zwischen Felsen eingebettete **Praia do Castelo** schließlich ist als Schnorchelrevier sehr beliebt. Den Abschluss bildet die weite, bis nach Armação de Pêra reichende flache **Praia da Galé**, die auf der Höhe der Feriensiedlung Salgados und des gleichnamigen Golfplatzes auch **Praia dos Salgados** genannt wird.

ℹ **Praktische Hinweise**

Information

Posto de Turismo, Rua 5 de Outubro, Albufeira, Tel. 289 58 52 79, www.cm-albufeira.pt

Wasserpark

Zoomarine, Guia, EN 125 bei km 65, Tel. 289 56 03 00, www.zoomarine.com, April–Juni und Sept./Okt. tgl. 10–18, Juli/ Aug. tgl. 10–19.30 Uhr, Nov.–März geschl. Unterhaltsame Mischung aus riesigem Schwimmbad mit Wasserrutschen, Tiervorführungen und Vergnügungspark. Zubringerbus mit Eintrittskarte kostenlos.

Nachtleben

Kim's Bar, Avenida do Tenis 45, Albufeira, Tel. 289 05 12 52, http://kimsbaralbufeira. wordpress.com. Beliebte Cocktailbar mit internationalem Publikum und häufigen Livekonzerten, vor allem im Sommer.

Abenteuerlustige Urlauber erkunden die Grotten der Felsenküste mit dem Boot

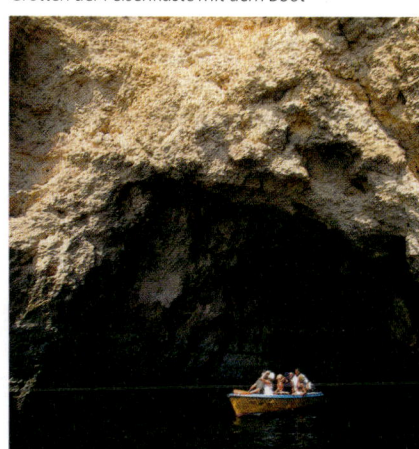

Türkisblaues Meer und heller feinsandiger Strand an der Praia de Armação

Hotels

****Sol e Mar**, Rua J. Bernardino de Sousa, Albufeira, Tel. 289 58 00 80, www.grupofbarata.com/pt. Traditionshotel direkt am Strand, in die Felsen gebaut. Mit Swimmingpool und Diskothek. Traumhafter Blick über das Meer.

***California**, Rua Cândido dos Reis 12, Albufeira, Tel. 289 58 34 00. Im Zentrum gelegenes, angenehmes Haus von mittlerer Größe mit Innen- und Außenpool.

****Pensão Vila Bela Residencial**, Rua Coronel Águas 32, Albufeira, Tel. 289 51 55 35. Kleine Pension mit Garten, zentral und ganz nah am Stadtstrand gelegen.

Restaurants

A Ruína, Rua Cais Herculano, Albufeira, Tel. 289 51 20 94, www.restaurante-ruina. com. Originelles Lokal in einem Altbau am Fischmarkt im Osten von Albufeira: Im Erdgeschoss zum Strand hin befindet sich eine Snack-Bar, auf Straßenniveau (= erster Stock) ein eher rustikales Lokal mit Bar, im zweiten ein elegantes Restaurant und auf der Dachterrasse die dritte Bar des Hauses.

A Travessa, Rua dos Arcos, Albufeira, Tel. 289 04 93 53. Hübsches kleines Lokal mit frisch zubereiteten Fisch- und Fleischgerichten zu moderaten Preisen.

Wenn die Sonne im Meer versinkt, füllen sich Albufeiras Lokale, vor allem an den Stränden

27 Armação de Pêra

Wundervolle Felsenbuchten, umgeben von weitläufigen Feriensiedlungen.

Der Name des Dorfes verweist auf die Ursprünge des Ortes, in dem einst Fischer aus Pêra eine Fanganlage für Sardinen, *Armação*, errichteten. Im 18. Jh. waren aus den Fischerhütten Häuser geworden und eine Festung schützte sie vor Piraten. Direkt an der rundum erneuerten Strand-promenade findet man die restaurierten Überreste der **Fortaleza**, deren Anfänge bis ins 16. Jh. zurückreichen. Die benachbarte kleine **Capela Santo António** (18. Jh.), die eine bemalte Holzfigur des Ortsheiligen und Kirchenpatrons birgt, stand ursprünglich innerhalb der Festungsmauern. Heute markiert die weiße Kapelle den charmanten Stadtkern und von Armação (5000 Einw.), der jedoch von einem Gürtel eintöniger Apartmentburgen umgeben ist.

Der Ort ist bei den Touristen wegen der prächtigen, zweigeteilten **Praia de Armação** so außerordentlich beliebt. Am östlichen Strandabschnitt liegen wie früher die farbenprächtigen Fischerboote auf dem Sand. Sie werden heute für Ausflüge zu den malerischen Steilküsten genutzt und fungieren zugleich häufig als dekorative Fotomotive. Die sandige Küste setzt sich in weitem Halbkreis rund 3 km bis zur Praia da Galé und selbst darüber hinaus fort [s. S. 79].

Der Westen der Praia de Armação ist Badefreunden und Wassersportlern vorbehalten. Es schließen sich, umrankt von Bougainvillea und Hibiskus, ausgedehnte Feriendörfer an. Sie bestehen in der Regel aus Apartmentkomplexen mit Miet- und Eigentumswohnungen, die zusätzlich mit Restaurants, Schwimmbädern und Tennisplätzen ausgestattet sind. Aber ihr ganz großes Plus ist der meist exklusive Zugang zu jeweils einem der herrlichen Strände am Fuß der ansonsten schier unüberwindbaren Steilküste.

Der Welt entrückt liegt die Capela de Nossa Senhora da Rocha über der Felsenküste

Friedlich ist das Dörfchen Porches im hügeligen Hinterland von Armação eingebettet

Strände

Die bis zu 50 m hohe Steilküste westlich von Armação de Pêra zählt zu den schönsten Abschnitten der ganzen Algarve. Die Felsen sparen immer wieder kleine Sandbuchten am je nach Wind und Wetter meist türkisblau oder jadegrün schimmernden Meer aus. Auf die Praia de Armação folgt zunächst die Bucht **Tremoços**, die den Gästen des Vila Vita Parc Hotels [s. S. 83] vorbehalten ist, die sie über Treppen erreichen können. Zwei weitere Hotels teilen sich die folgende **Cova Redonda**, die aber über 115 schmale Stufen auch öffentlich zugänglich ist.

Die Strände **Praia da Senhora da Rocha** und **Praia Nova** werden von einer schmalen, spitzen Felsnase getrennt, unter der ein 50 m langer Tunnel hindurchführt. Auf dem Felsen, in 32 m Höhe, erhebt sich die kleine weiße **Capela de Nossa Senhora da Rocha** mit einem sechseckigen Dach. Die auch als *Ermida* bekannte Kapelle stammt aus dem 16. Jh., ihre Ursprünge gehen jedoch auf das frühe Mittelalter zurück. Alljährlich am 12. August ist sie Ziel einer Wallfahrt. Von der **Aussichtsplattform** vor der Kapelle überblickt man die gesamte weite Bucht vom Cabo Carvoeiro bis zur Praia da Galé.

Spaziergang nach Benagil

Ein schöner Spaziergang führt von der Ermida in etwa zwei Stunden entlang der Steilküste nach Westen zur winzigen *Praia de Benagil*. Es empfiehlt sich, die Tageshitze zu meiden. Am besten macht man sich in den frühen Morgenstunden oder am Spätnachmittag auf den Weg. Unterwegs öffnen sich immer wieder atemberaubende Ausblicke auf das Meer und die malerische Felsbuchten der Küstenkulisse. Vorsicht ist am Rande der meist ungesicherten Abbruchlöcher geboten, durch die man hört und sieht, wie in 30 m Tiefe die Wellen in den Felsrotten schäumend anbranden. Am Ziel warten mehrere empfehlenswerte Lokale mit Erfrischungen auf.

Porches und Alcantarilha

4 km nordwestlich von Armação liegt an der EN 125 auf einem Hügel **Porches**, umgeben von Feigenbäumen und Feldern. Das Dorf machte sich einen Namen als Keramikzentrum der Region. Entlang der Durchgangsstraße bieten mehrere Werkstätten **Töpferwaren** an, typischerweise blau auf weiß bemalt. Man kann aber auch unglasierte Tontöpfe und Amphoren für den Garten erstehen. Die schlichte **Igreja Matriz** liegt am höchsten Punkt des Ortes. Bei klarer Sicht überblickt man von ihrem Turm den ganzen Küstenstreifen von Lagos bis Loulé.

Die Häuser von **Alcantarilha** sind noch in den authentischen Algarvefarben gestrichen, einem ockerfarbenen Gelb oder Altrosa. Die Pfarrkirche **Igreja Paroquial** in der Ortsmitte mit zurückhaltendem manuelinischem Dekor im Inneren wurde erst vor einigen Jahren wiederaufgebaut. Faszinierend ist die benachbarte **Capela dos Ossos**, eine Kapelle, die im 18. Jh. aus sorgfältig aufgeschichteten Knochen und Totenköpfen verstorbener Gemeindemitglieder errichtet wurde.

ℹ **Praktische Hinweise**

Information

Posto de Turismo, Avenida Marginal, Armação de Pêra, Tel. 282 31 21 45

Wasserpark

Aqualand Algarve, EN 125, bei Alcantarilha, Tel. 282 32 02 30, www.aqualand.pt, Mitte–Ende Juni tgl. 10–17, Juli–Anfang Sept. tgl. 10–18 Uhr. Die Rutschen im größten Wasserpark an der Algarve winden sich insgesamt über 1500 m.

Camping

***Praia de Armação de Pêra**, EN 269,1 km nördlich von Armação de Pêra, Tel. 282 31 22 60, www.camping-armacao-pera.com. Großer, sehr gut ausgestatteter Platz, auf dem Bäume und Hecken willkommenen Schatten spenden.

Hotels

*****Vila Vita Parc Hotel**, Alporchinhos, Porches, Tel. 282 31 01 00, www.vilavita parc.com. Luxushotel mit privater Strandbucht und vielfältigem Sportangebot, darunter ein 9-Loch-Pitch & Put, eine Minigolfanlage sowie Tennis- und Volleyballplätze.

****Casa Bela Moura**, Estrada de Porches 530, Alporchinhos, Tel. 282 31 34 22, www.casabelamoura.com. Charmantes kleines Hotel mit 15 Zimmern, unter belgischer Leitung. Großer Garten, Swimmingpool und Solarium.

Aldeamento Turístico Vila Senhora da Rocha, Vila Senhora da Rocha Tel. 282 31 23 49, www.vilasrarocha.com. Das sehr gepflegte und nett angelegte Bungalowdorf, eine der besten Adressen der Region, reicht bis an die Steilküste. Mit Restaurant, Pool, Tennisplatz und eigenem Zugang zum Strand.

Casa do Catavento, Escorrega do Malhão, Alcantarilha, Tel. 282 44 90 84. *Turismo rural* mitten in Orangenhainen, mit

Bunte Keramikteller sind beliebte Erinnerungsstücke an den Algarveurlaub

Swimmingpool. Das französisch-portugiesische Besitzerpaar vermietet vier Zimmer.

Restaurants

O Algar, Praia de Benagil, Tel. 282 35 89 51. Nettes Restaurant mit Grillspezialitäten und frischem Fisch (Mo geschl.).

Estrêla do Mar, Largo Infante D. Henrique, Armação de Pêra, Tel. 282 31 37 75. Das Lokal in einem Holzhaus am Fischerstrand bietet einheimische Küche, vor allem Fisch, zu moderaten Preisen.

Ausspannen am Pool des luxuriösen Vila Vita Parc Hotels

O Leão de Porches, Rua da Igreja, Porches, Tel. 282 38 13 84. Elegantes Traditionslokal bei der Kirche im alten Ortskern. Spezialisiert auf Lammbraten und bodenständige Gerichte (Mi geschl.).

Porches Velho, Rua da Praça 6–8, Porches, Tel. 282 38 16 92, www.porches-velho.com. Uriges Restaurant mit großer Terrasse, im Winter prasselt im Kamin ein offenes Feuer.

28 Lagoa

Das beschauliche Städtchen ist Zentrum des größten Weinanbaugebietes der Algarve.

Lagoa (7500 Einw.) liegt eingebettet in das leuchtende Grün der besten **Weinreben** der Algarve. Aus ihnen werden starke Rot- und Weißweine gekeltert sowie ein süßer Dessertwein und *Aguardente*, eine Art Grappa. An der Durchgangsstraße EN 125 hat die Winzergenossenschaft **Única Adega Cooperativa do Algarve** (Tel. 282 34 21 81, Mo–Fr 9–12 und 14–18 Uhr) ihren Sitz. Sie bietet neben Direktverkauf auch Führungen an.

Nicht nur die Winzer der Gegend, auch Bauern, Künstler und Handwerker präsentieren und verkaufen ihre Erzeugnisse auf der Regionalmesse **Fatacil**, bei der es

alljährlich im August hoch her geht. Ansonsten bietet sich das Gelände am östlichen Ortsrand als Parkplatz an, um von dort das Städtchen zu Fuß zu erkunden.

Der Rundgang führt über den parkähnlich begrünten Largo 5 de Outubro, an den Stationen eines Kreuzweges vorbei, die an die österlichen Traditionen in der Karwoche erinnern, zur **Igreja Matriz Nossa Senhora da Luz**. Die dreischiffige Kirche inmitten der Altstadt wurde nach dem Erdbeben von 1755 neu erbaut. Den Hauptaltar ziert eine vom portugiesischen Barockkünstler Joaquim Machado do Castro (1731–1822) geschaffene Skulptur der *Virgen da Luz*, der Jungfrau vom Licht. Aufmerksamkeit verdient auch das etwas oberhalb gelegene **Convento de São José** (Rua Joaquim Eugénio Júdice, Tel. 282 38 04 34, Di–Sa 9–12.30 und 14–17.30 Uhr). Das 1713 gegründete, 1738 vollendete und mehrfach umgebaute Karmeliterkloster dient heute, sorgfältig restauriert, als städtisches Kulturzentrum für Kunstausstellungen, Konzerte und Vorträge. Im hübschen zweigeschossigen Kreuzgang erläutern Schautafeln mit Fotografien die Geschichte des Konvents.

Anschließend bummelt man durch die von weißen Häusern gesäumten Gassen, über die Praça da República, an der Markthalle *Mercado Municipal* vorbei und beendet die Stadtbesichtigung in der Fußgängerzone *Rua 25 de Abril* mit

Der romantischen Küstenlage verdankt Carvoeiro seine Berühmtheit

ihren typisch portugiesischen schwarz-weißen Pflastersteinen und hübschen Geschäften.

ℹ️ Praktische Hinweise

Restaurants

A Tasquinha, Travessa da Praça 18, Lagoa, Tel. 282 04 88 93. Der junge portugiesische Besitzer verwandelte eine einfache Bar in Marktnähe in ein nettes mediterranes Restaurant. Gutes Preis-Leistungs-Verhältnis.

Lamim, Rua da Misericórdia 5, Lagoa, Tel. 968 60 82 36, restaurantelamim.com. Traditionelles Lokal mit familiärer Atmosphäre nahe der Markthalle (So geschl.).

29   Carvoeiro

Mondäne Urlaubsdomizile, umgeben von reizvollen Felsenbuchten.

Als Einsiedler im Mittelalter an der Küste das *Convento dos Eremitas* gründeten, hätten sie es sich sicher nicht träumen lassen, dass aus ihrer bescheidenen Klause einmal einer der beliebtesten Orte der Algarve entstehen würde. Das Kloster ist längst verschwunden, heute staffeln sich der alte Ortskern und moderne Ferienhäuser an den steilen Abhängen um die

winzige Bucht, wie Sitzreihen um eine Zirkusarena. Da jedoch keines der Gebäude allzu hoch ist, bleibt ein ansprechender Gesamteindruck bestehen.

Seit Carvoeiro in den 1980er-Jahren aus seiner Verträumtheit erwachte und zum Urlaubsziel der Reichen und Schönen aus deutschen Landen avancierte, entstanden hier zwei Golfplätze und in der Umgebung die Villen von allerlei Prominenten aus ganz Europa. Der feine, aber kleine Hausstrand **Praia do Carvoeiro** ist dem Ansturm der Badegäste längst nicht mehr gewachsen. In der näheren Umgebung gibt es aber eine ganze Reihe weiterer hübscher Felsenbuchten. Die westlich des Ortes gelegenen Strände sind zwar schwieriger zu erreichen, aber weniger überlaufen als die im Osten. Am bequemsten erreicht man die teils versteckten Sandstrände mit dem Boot von Carvoeiro aus.

Der Zugang vom Wasser empfiehlt sich auch für die Besichtigung der malerischen Grotten und Gesteinsformationen an diesem Küstenabschnitt. Am bekanntesten ist das nach dem Ort **Algar Seco** benannte, halb offene Höhlensys-

Nach dem Ausflug in die Höhlenwelt des Algar Seco kann man im Schatten ausruhen

tem etwa 2 km östlich von Carvoeiro, dessen Felswände im Verlauf des Tages je nach Sonnenstand ihre Farbe ändern. Zu dem bizarren Naturszenario gelangt man von den Klippen über eine Treppe. Auch in die benachbarten Strandbuchten **Praia de Centianes, Praia do Carvalho** und **Praia de Marinha** führen steile Stufen hinab. Allerdings ist der zur Verfügung stehende Parkplatz oberhalb jeweils recht begrenzt.

Ein hoher Leuchtturm krönt die vorspringenden Felsen des **Cabo Carvoeiro**, das den Beginn der Bucht von Armação de Pêra markiert. Die Straße von Carvoeiro zum Kap, die **Estrada do Farol**, gilt als Topadresse für kulinarische Genüsse der internationalen Küche und für ausgelassenes Nachtleben.

ℹ Praktische Hinweise

Information
Posto de Turismo, Praia do Carvoeiro, Carvoeiro, Tel. 282 35 77 28

Tauchen
Divers Cove, Quinta do Paraíso, Praia do Carvoeiro, Tel. 282 35 65 94, www.divers-cove.com. Etablierte, ganzjährig geöffnete Tauchschule unter deutscher Leitung. Auf Wunsch kann man auch Nacht-, Wrack- und Höhlentauchen. Mit Unterkunft.

Nachtleben
Bote Beach Club, Praia do Carvoeiro, Tel. 965 89 30 87. Beliebte Diskothek am Strand. Häufige DJ- und Live-Events, Schaumpartys und allerlei mehr (tgl. 0–6 Uhr, außerhalb der Saison eingeschränkt).

Restaurants
Rafaiols Alfanzina, Rua de Farol Alfanzina, Carvoeiro, Tel. 966 84 64 26. Gute Küche, faire Preise, aufmerksames Personal und die vielleicht beste Cataplana der Umgebung.

Tia Ilda, Rampa Paraíso 18, Carvoeiro, Tel. 282 35 78 30. In der portugiesisch-schweizerischen Küche kommen Fisch und Fleisch vom Holzkohlegrill. Herrlicher Blick über den Ort und das Meer.

30 Estômbar

Die frühere Hauptstadt der Region schlummert heute am Rand großer Straßen vor sich hin.

Einst beherrschte das 3 km landeinwärts auf einem Hügel gelegene Städtchen die Mündung des Rio Arade. Geschützt von einem mächtigen maurischen Fort, war Estômbar im 13 Jh. der wichtigste Ort der Region. Hier begann Afonso III. im Jahr 1243 mit der Reconquista, der Rückerobe-

Spiel und Spaß bietet der Slide & Splash Wasserpark selbst für die Jüngsten

Zauberberg auf Portugiesisch – Ferragudo in der Abenddämmerung

rung der Algarve. Im Jahr 1797, als die günstiger gelegenen Küstenorte das alte Handelszentrum längst an Bedeutung überholt hatten, wurde in Estômbar der spätere Miguelistenführer José Joaquim de Sousa Reis geboren. Er trieb die absolutistischen Kräfte an der Algarve in den Bürgerkrieg der Jahre 1832–34, was ihm seinen Beinamen *O Remexido*, der Aufrührer, einbrachte.

Baulich verschmilzt Estômbar heute mit den östlichen Vororten von Portimão. Bemerkenswert ist die kleine, bereits im 16. Jh. auf dem Altstadthügel erbaute **Igreja Matriz São Tiago**, eine der schönsten Kirchen der westlichen Algarve. Ihre im 18. Jh. barock überformte, von zwei niedrigen Glockentürmen flankierte Fassade besitzt ein manuelinisches Portal. Die Wände des saalartigen Innenraums sind zum größten Teil mit Azulejos verkleidet. Außerdem fallen zwei Halbsäulen aus dem 16. Jh. auf, die mit Figuren von Kriegern, Bischöfen, Musikanten und gekrönten Jungfrauen reliefiert sind.

In Estômbar weisen Schilder zum **TOP TIPP** nordwestlich gelegenen **Sítio das Fontes**, dem ›Ort der Quellen‹ etwa 4 km außerhalb am Rio Arade. Es handelt sich um eine große unterirdisch entspringende Karstquelle, die in Dutzenden von Einzelquellen austritt. Das kalte, klare Süßwasser sammelt sich in mehreren kleinen Teichen. Das gesamte Gebiet ist als Naturpark *Parque Natural do Sitio das Fontes* geschützt. Auf dem buschbestandenen Areal gibt es viele Picknicktische,

ein kleines Amphitheater für kulturelle Veranstaltungen und eine alten Gezeitenmühle am Flussufer, die sonntags in Betrieb gesetzt wird.

ℹ Praktische Hinweise

Wasserpark

Slide & Splash, EN 125, Vale de Deus, Estômbar, Tel. 282 34 08 00, www.slide splash.com, Ende März–Mai und 16. Sept.–Okt. Mo–Sa 10–17 (Mai und Sept. auch So), Juni–15. Sept. tgl. 10–17.30 Uhr (Juli bis 18, Aug. bis 18.30 Uhr). Auf riesigen Wasserrutschen schlittern die Wasserratten begeistert hinein ins kühle Nass. Täglich fahren Shuttlebusse von den benachbarten Küstenorten hierher.

31 Ferragudo

Pittoreskes Fischerdorf an der Arademündung vis-à-vis von Portimão.

Der Fischerort Ferragudo (2000 Einw.) am östlichen Mündungsufer des Rio Arade gegenüber vom hektischen Portimão, konnte seinen ursprünglichen Charakter fast unversehrt bewahren. Pyramidenartig türmen sich die weißen Häusern an der Steilküste auf, ganz oben thront die einschiffige *Igreja Matriz Nossa Senhora da Conceição*. Vom Kirchenvorplatz genießt man ein herrliches Panorama über die gesamte Umgebung. Am Südhang ragt trutzig die 1622 errichtete Festung

Forte São João de Arade auf, die heute einer Adelsfamilie als Wohnsitz dient.

Das romantische Ortsbild von Ferragudo hat inzwischen einige Künstler angelockt, deren Ateliers man bei einem Bummel durch die netten Gassen entdecken kann. An der Hafenfront reihen sich Fischlokale aneinander und am Kai dümpeln die Boote der Fischer, die mit ihrem Fang die örtlichen Restaurants versorgen. Der benachbarte Sandstrand **Praia Grande** liegt, von Wellenbrechern geschützt, an der Flussmündung. Er wird aufgrund seiner wechselnden Wasserqualität mehr von Surfern als von Badenden frequentiert. Nur einen kurzen Fußmarsch entfernt befinden sich im Osten am offenen Meer die empfehlenswerteren, von Felsen eingerahmten Strände **Pintadinho** und **Praia dos Carneiros.**

ℹ️ Praktische Hinweise

Restaurants

Le Paradis, Vale da Azinhaga (oberhalb Praia Grande), Ferragudo, Tel. 282 46 11 23, www.leparadis.com.pt. Auf der Terrasse genießt man die hervorragende Küche mit Blick über die Steilküste. Kinderspielplatz anbei (Mi, Nov.–Febr. geschl.).

Gosto, Vale Azinhaga Lote 3, Ferragudo Tel. 914 52 09 64, www.gosto-ferragudo. com. Elegantes, stylisches Restaurant zwischen Praia Grande und Praia dos Carneiros mit wunderbarem Atlantikblick. Anspruchsvolle Fusion-Küche für Gourmets (So geschl.).

32 Portimão

Die einstige Hauptstadt der Fischkonserven ist längst das Geschäftszentrum der Westalgarve.

Am rechten Ufer der Arademündung ragt die Hochhaussilhouette von Portimão auf. Weder romantisch noch malerisch profiliert sich Portimão (45 000 Einw.) als **Geschäfts-** und **Bürozentrum** der westlichen Algarve, beinah großstädtisch, lebendig und ständig dem Verkehrskollaps nahe. Für den Urlauber ist es der Ort, an dem er jedes erdenkliche Produkt vom Ersatzteil für die Kamera bis zu Wanderkarten finden kann.

Geschichte Der Name Portimão leitet sich vom lateinischen *Portus magnus* ab. Ansonsten sind hier nur wenige Zeugnisse früherer Epochen erhalten, da die Siedlung im exponierten Mündungstrichter des Rio Arade immer wieder von Überschwemmungen heimgesucht wurde. In maurischer Zeit galt Portimão bereits als Zentrum der Fischerei, doch erst Manuel I. verlieh dem Ort im Jahr 1504 das Stadtrecht. Nach der Zerstörung durch das Erdbeben von 1755 dauerte es bis 1890, ehe die Stadt mit dem Bau einiger Fischkonservenfabriken wieder einen neuen wirtschaftlichen Aufschwung verzeichnen konnte. Heute unterhält Portimão nach Olhão zwar noch immer die zweitgrößte **Fischereiflotte** der Algarve, mausert sich aber immer mehr zum **Kreuzfahrt- und Fährhafen**. Die seit 1987 kontinuierlich

Palmen und orientalisch anmutende Architektur sollen Portimãos Außenbezirke auflockern

ausgebauten neuen Hafenanlagen werden verstärkt von Luxuslinern angesteuert und auch die Fährverbindung nach Madeira mit Stop auf den Kanaren floriert. Die moderne Marina ist zudem bei Freizeitkapitänen sehr beliebt. So kommen zusätzliche Gäste in die Stadt. Diese lebt heute hauptsächlich von Dienstleistungen im **Tourismussektor** und kurbelt gleichzeitig die Wirtschaft der gesamten Region an.

Besichtigung 1991 entstand im Zuge des Ausbaus der Küstenstraße EN 125 zur Schnellstraße auch eine neue Brücke über den Rio Arade. Seitdem wird der **Verkehr** ins Stadtzentrum und zum Strandvorort Praia da Rocha [Nr. 33] über vierspurige Umgehungsstraßen und unzählige Kreisel geleitet. Doch im Zentrum von Portimão bleibt es eng. Wenn man mit dem Auto kommt, sollte man dieses am östlichen Stadtrand auf einem der **Parkplätze** beim neuen *Mercado* oder in der Nähe des Touristenbüros beim Fußballstadion abstellen. Von dort sind es etwa 15 Minuten zu Fuß bis in die Stadtmitte. Und auf dem Weg passiert man etliche ansehnliche, stattliche Bürgerhäuser aus dem 19. und 20. Jh., verziert mit Fliesen und kunstvollen gusseisernen Balkongittern. Die vielen Neubauten und hübsch restaurierten Gebäude im Viertel um die alte Markthalle an der Praça da República künden von der Blütezeit der letzten Jahrzehnte in Portimão.

Die Uferpromenade **Avenida Capitão Fernandes Leão Pacheco** ❶ ist die zentrale Orientierungsachse der Stadt, die sich in der Nähe des alten Hafens zum Park **Jardim Visconde Bivar** ❷ weitet. Ihre Verlängerung ist die Rua Serpa Pinto, die am Largo da Barca endet. Statt der früher bei Einheimischen und Touristen

Die bunte Fischereiflotte von Portimão gehört nach wie vor ins Stadtbild

populären Fischbuden, die sich bis vor wenigen Jahren am Largo da Barca und unter der alten Aradebrücke aneinanderreihten, sind nun einige der typischen Sardinenrestaurants in nüchterne Zweckbauten auf dem früheren Werftgelände umgezogen, das am Ende der Uferpromenade und nördlich der alten Aradebrücke leigt. Die 337 m lange **Ponte Velha** ❸ wurde 2009 generalüberholt und wieder für den Verkehr geöffnet.

Nur einige Meter vom Jardim Visconde Bivar entfernt, lädt auf dem **Largo 1º do Dezembro** ❹ eine kleine Grünanlage zum Spaziergang ein. Auf den gefliesten Sitzbänken ist die Geschichte Portugals dargestellt. Außerdem beginnt hier die Geschäftsstraße **Rua Dereita** ❺, von der nach rechts die unprätentiöse Fußgängerzone **Rua Vasco da Gama** abzweigt und in ihrer Verlängerung jenseits der Praça da República unter dem Namen **Rua do Comércio** ❻ zum ausgedehnten Einkaufsbummel lockt.

Gegenüber der alten Markthallen an der Praça da República erhebt sich die imposante Fassade der **Igreja do Colégio** ❼. Das ursprünglich im 17. Jh. erbaute Jesuitenkolleg wurde beim Erdbeben von 1755 fast vollständig zerstört und anschließend rekonstruiert. Die einschiffige Kirche selbst bewahrt im Inneren mehrere typische, aufwendig vergoldete *Talha-Dourada*-Altäre.

Auch die große dreischiffige Stadtkirche weiter östlich, die **Igreja Matriz** ❽

(Rua da Igreja, Tel. 282 42 26 12, tgl. 10–12.30 und 17–19 1Uhr) hielt dem Beben nicht stand. Sie wurde mit erhaltenen Originalteilen ihrer einst gotischen Fassade, etwa dem Portal, neu erbaut. Von der Innenausstattung stammen lediglich einige Azulejos aus der Vorgängerkirche.

Zu guter Letzt sollte man unbedingt einen Abstecher in den Süden der Stadt machen. Das unterhaltsam und wissenschaftlich hervorragend konzipierte **Museu de Portimão** ❾ (Rua D. Carlos I, Eingang: Flussuferseite, Tel. 282 40 52 30, www.museudeportimao.pt, Mitte Juli–Aug. Di 19.30–23, Mi–So 15–23, Sept.–Mitte Juli Di 14.30–18, Mi–So 10–18 Uhr) wurde 2008 in der ehem. Konservenfabrik *Fabrica de Conservas La Rose Feu Hermanos* am Rio Arade eröffnet und 2010 mit dem ›European Museum Award of the Year‹ ausgezeichnet. In den Ende des 19. Jh. erbauten, sorgfältig restaurierten Fabrikhallen werden rund um die Themen Sardinenfang und Sardinenverarbeitung etwa 500 Jahre Wirtschafts- und Industriegeschichte der Region erläutert. Filme, Tondokumente, Fotos, original erhaltenen Maschinen und mit lebensgroßen Puppen dargestellte Szenarien machen die einst harten Produktionsbedingungen nachvollziehbar. Spannend sind auch die Funde der Unterwasserarchäologen aus dem Arade, die eine Besiedlung des Gebietes um Portimão und Alvor [Nr. 34] seit dem Neolithikum vor 5000 Jahre dokumentieren.

Die Entdeckung Brasiliens als Fliesenbild auf einer der Bänke des Largo 1º do Dezembro

e

Ihren Namen verdankt die Praia da Rocha den Felsen, die den langen Sandstrand strukturieren

ℹ Praktische Hinweise

Information
Posto de Turismo, Largo 1° Dezembro, Portimão, Tel. 282 40 24 87, www.visitportimao.com

Einkaufen
Manufacturas Grafil, Rua Infante Dom Henrique 137, Portimão, Tel. 282 41 66 84. Handgefertigte Lederwaren wie Taschen, Koffer und Reitzubehör vom Sattel bis zum Stiefel. Gute Qualität zu moderaten Preisen.

Pires de Sousa, Rua Garrett 15, Portimão, Tel. 914 13 22 29. Beliebte Galerie zeitgenössischer Algarvekünstler in einer Seitenstraße am oberen Ende der Einkaufsstraße Rua do Comércio.

Hotels
***Globo**, Rua 5 de Outubro 26, Portimão, Tel. 282 40 50 30, www.hoteis algarvesol.pt. Angenehmes Haus mit 68 Zimmern mitten im Zentrum.

Residencial Dom Carlos I, Rua Dom Carlos I. 48, Portimão, Tel. 282 41 02 70, www.residencialdomcarlos.com. Freundliche Pension mit 30 Zimmern am Südrand der Innenstadt.

Restaurants
Carvi, Rua Direita 34 A, Portimão, Tel. 282 41 79 12. Große und wegen der frischen Fisch- und Schalentiergerichte beliebte *Marisqueira*; hervorragend ist z.B. die Cataplana, der portugiesische Fischeintopf.

Dona Barca, Largo da Barca 22, Portimão, Tel. 282 48 41 89. Beliebtes Fischlokal bei der alten Brücke. Die gegrillten Sardinen duften schon von weitem.

Kibom, Rua Damião L. Faria e Castro 6 A, Portimão, Tel. 282 41 46 23. Excellentes portugiesisches Restaurant.

33 Praia da Rocha

Kilometerlang Strand, Sonne und Meer – Ferienvergnügen für unzählige Urlauber.

Zum Schutz des Flusshafens von Portimão vor Piraten entstanden im 17. Jh. an der Mündung des Rio Arade ins Meer die beiden Festungen: São João bei Ferragudo und Santa Catarina de Ribamar auf der Seite von Portimão. In der gut erhaltenen **Fortaleza de Santa Catarina** kann man heute bei schönem Ausblick einen Kaffee genießen. Zu Füßen der Feste liegen an der Flussseite ein moderner Jachthafen und am Meeresufer der 3,5 km lange hellsandige ›Strand der Felsen‹, die **Praia da Rocha**. In den 1920er-Jahren ließen die reichen Konservenfabrikanten aus Portimão in diesem Vorort ihre Sommervillen errichten, doch leider verschwinden die wenigen erhaltenen Gebäude aus dieser Zeit heute zwischen Hochhäusern. Nur das Hotel *Bela Vista* (s. u.) konnte sich an seinem exponierten Platz auf den Klippen an der Strandpromenade halten. Auch wenn es schwer ist, dort ein Zimmer zu ergattern, sollte man in dem stilvollen Hotel mit den bunten Glasfenstern und schönen Fliesendekorationen zumindest auf einen Drink einkehren.

Die oben auf den Klippen verlaufende Promenade **Avenida Tomás Cabreira** ist zugleich Hauptstraße von Praia da Rocha, an der sich das Tourismusbüro, Lokale, Geschäfte und Cafés konzentrieren. Sie reicht von der Festung São João im Osten bis zum *Miradouro* im Westen, einem Aussichtspunkt auf einer prominenten Felsnase. Jenseits davon liegen die **Praia dos Três Castelos** und weitere hübsche kleine Felsbuchten.

Die Steilküste zwischen Praia da Rocha und Alvor stellt mit ihren golden schimmernden, bizarren Felsformationen eine der schönsten Landschaftskulissen der Algarve dar. Ein etwa zweistündiger Küs-

Es liegt was in der Luft – nämlich der Geruch von köstlichen Grillsardinen

tenspaziergang auf den Klippen führt zu der kleinen **Praia do Vau**, der felsumrahmten **Praia do João de Arens** und weiter zur bei Tauchern beliebten **Praia dos Três Irmãos**, die wiederum übergeht in die lange Sandbucht von Alvor.

ℹ️ Praktische Hinweise

Information

Posto de Turismo, Avenida Tomás Cabreira, Praia da Rocha, Tel. 282 41 91 32

Hotels

****Bela Vista**, Avenida Tomás Cabreira, Praia da Rocha, Tel. 282 46 02 80, www. hotelbelavista.net. Die in bester Lage auf den Felsen über dem Strand erbaute Villa aus dem 19. Jh. ist heute ein schönes Luxushotel.

Albergaria Vila Lido, Avenida Tomás Cabreira, Praia da Rocha, Tel. 282 42 41 27, www.hotelvilalido.com. Elegante Pension bei der Festung São João mit zehn Zimmern, Garten und Strandblick.

Restaurants

Casalinho, Praia da Rocha, Tel. 282 42 25 79. Strandlokal unterhalb des Hotels Bela Vista. Leckere Snacks und frische Krabben.

F – Food & Wine, Avenida Tomás Cabreira, Praia da Rocha, Tel. 282 48 30 14. Traditionsküche modern interpretiert und mit besten Weinen kombiniert. Panoramablick über den Strand (So geschl.).

Titanic, Rua Engenheiro José de Bivar s/n Edif. Columbia, Praia da Rocha, Tel. 282 42 23 71. Internationale Küche in modernem Lokal mit exzellentem Service.

Bar

Meo Spot, Praia da Rocha, Tel. 282 42 41 80. Gewaltige Sommerdiskothek am Strand. Von Ende Juli bis Ende August gibt es jede Nacht Themenpartys und Events.

34 Alvor

Hübscher Ort mit maurischen Wurzeln.

An einer geschützten Lagune, die an den Mündungen von vier kleinen Flüsschen entstanden ist, liegt der **Fischerort** Alvor, der bereits in maurischer Zeit als *Albur* bekannt war. Dass Alvor auch einmal Festungsort war, merkt man kaum noch, aber einst gab es hier eine Burg. König Dinís hatte sie Anfang des 14. Jh. errichten lassen und König João II. starb dort 1495. Aufgrund von Animositäten gegen den hier ansässigen Adel ließ der Marquês de Pombal den Ort nach dem verheerenden Erdbeben von 1755 nicht in seiner alten Größe wieder aufbauen, sondern machte ihn zu einem Ortsteil von Portimão. 1975 geriet Alvor für kurze Zeit ins Licht der Weltöffentlichkeit, als hier feierlich die Abkommen unterzeichnet wurden, die zur Unabhängigkeit der einstigen portugiesischen Kolonie Angola führten.

Trotz solch bedeutender Ereignisse und der mondänen Golfplätze ringsum – unter ihnen der von Sir Henry Cotton geschaffene klassische 18-Loch-Kurs des *Penina Championship* – blieb Alvor mit seinen niedrigen weißen Häusern im Kern ein Dorf. Am hübschen *Porto de Pesca* findet jeden Morgen ein Fischmarkt statt, auf dem sich die Besitzer der umliegenden Restaurants mit fangfrischem Meeresgetier versorgen.

In vollendeter Harmonie präsentiert sich das Portal der Igreja Matriz do Alvor

Die bekannteste Sehenswürdigkeit des Ortes ist die nach dem Erdbeben 1755 wieder aufgebaute **Igreja Matriz**. Sie geht auf das 16. Jh. zurück. Ihr manuelinisches Hauptportal ist das schönste Kirchenportal weit und breit. Seine Rundbögen sind mit fein ziseliertem Blattwerk, Drachen und Monstern verziert. Nicht weniger kunstvoll ist das manuelinische Seitenportal. Und auch im Innern der dreischiffigen Kirche lassen sich original erhaltene Steinmetzarbeiten aus dieser Zeit bewundern. Die Säulen sowie Teile des Chors und Hauptaltars sind reich mit Tauwerk und exotisch-grotesken Masken dekoriert. Die große Christusstatue *Senhor dos Navegantes* auf dem Altar wurde einer Legende zufolge eines Tages am Strand angeschwemmt. Zum prachtvollen Erscheinungsbild gehören die polychromen Azulejos, mit denen die Wände im 18. Jh. teilweise gefliest wurden.

Eine Attraktion anderer Art bietet die feinsandige **Praia do Alvor**, die ein Stück vom Dorf entfernt auf einer Landzunge liegt. Der Weg zu dem breiten dünensäumten Strand führt durch die vogelreichen Feuchtgebiete der Lagune.

ℹ️ Praktische Hinweise

Information

Posto de Turismo, Rua Dr. Afonso Costa 51, Alvor, Tel. 282 45 75 40

Einkaufen

Caleidoscópio, Rua 25 de Abril 6, Alvor, Tel. 282 45 92 21. Alles, was man aus Kork machen kann: Krawatten, Handtaschen, Spielzeug u. a. originelle Geschenke.

Camping

**Camping Alvor, Rua Serpa Pinto, Alvor, Tel. 282 45 91 78, www.campingalvor.com. Schattiger Platz mit guter Ausstattung. Ganzjährig geöffnet.

Hotel

*****Alvor Praia, Praia dos Três Irmãos, Alvor, Tel. 282 40 09 00, www.pestana.com. Luxus schlechthin bietet die Anlage mit 200 Zimmern, Innen- und Außenpool, Spiel-, Tennis- und Golfplätzen sowie mehreren Restaurants.

Restaurants

Fisherman's Rest, Largo da Ribeira, Alvor, Tel. 282 45 81 70. Das Lokal am Fischmarkt bietet Seafood mit Blick auf die Lagune.

Vagabondo, Rua F. R. Mendes 20, Alvor, Tel. 282 45 87 26. Gemütliches und kinderfreundliches Restaurant an der Hauptstraße von Alvor. Im schönen Garten kann man unter Mandel- und Orangenbäumen sitzen und die schmackhaften Speisen genießen.

Von Lagos zum Cabo de São Vicente – eine Reise ans ›Ende der Welt‹

Mit der lebensfrohen, weltoffenen Hafenstadt **Lagos** und den nahen spektakulären Felsformationen der **Ponta da Piedade** endet der vom Tourismus geprägte Teil der Algarve. Gen Westen werden die Farben allmählich blasser, wehen die Winde stärker, bestimmen die Gischt des anbrandenden Atlantiks und gleißendes Sonnenlicht die nach wie vor felsige Küste. Die mediterrane Vegetation macht einer herben Kargheit Platz, Fischerdörfer ducken sich in Mulden und Buchten. Bevor in der ersten Hälfte des 20. Jh. Engländer die kleinen Küstenorte **Luz** und **Burgau** für sich entdeckten und einige Jahrzehnte später das *Windsurfen* in Mode kam, verirrte sich kaum ein Fremder in diesen südwestlichen Zipfel Europas. Im 15. Jh. ging es hier allerdings lebhafter zu, denn als Gouverneur der Algarve organisierte **Heinrich der Seefahrer** von hier aus den Aufbruch der portugiesischen Schiffsflotten auf Entdeckungsfahrten in damals noch unbekannte Welten.

Für moderne Abenteurer, Felsenangler, Steilküstenwanderer und Liebhaber großartiger einsamer Stränden birgt die Gegend um **Sagres** und das **Cabo de São Vicente** viele herrliche Naturerlebnisse.

35 Lagos

Attraktive Altstadt mit dem Glanz früherer Tage zwischen traumhaften Stränden.

Vor gut 500 Jahren war die weiße Stadt an der Mündung des Ribeira de Bensafrim in den Atlantik Ausgangshafen zahlreicher portugiesischer Entdeckungsfahrten entlang der afrikanischen Küste. Ein Hauch von Fernweh und Internationalität haftet Lagos noch heute an, wenn sich Einheimische und Fremde zwischen Festung, Strand und Stadtzentrum begegnen. Lebendig, freundlich architektonisch schön und übersichtlich, ist Lagos (31 000 Einw.) ein attraktiver Ferienort, der gelassen auf allzu mondänes oder großstädtisches Gehabe verzichtet.

Geschichte Bereits Phönizier und Griechen siedelten im fischreichen Mündungsgebiet des Benafrim, gefolgt von den Karthagern, die im 4. Jh. v. Chr. Weinrebe und Ölbaum an die Algarve brachten, und den Römern, die den Ort **Lacó-**

briga nannten. Zur Zeit der Mauren hieß die Siedlung **Zawaya**. Zu ihrem Schutz ließ Abderramán III., Kalif von Córdoba, im 10. Jh. eine doppelte Umfassungsmauer ziehen. Trotzdem eroberte König Sancho I. mit Hilfe deutscher und englischer Kreuzritter 1189 die reiche Handelsstadt für zwei Jahren. Erst 1241 nahmen die Santiagoordensritter den Ort endgültig ein. Afonso IV. befestigte ihn im 14. Jh. erneut und taufte ihn **Lagos**.

Der Naturhafen wurde seiner strategischen Bedeutung entsprechend durch ein großes Waffenarsenal und Kasernen gesichert. 1415 starteten von hier 232 Schiffe mit 19 000 Soldaten an Bord und nahmen Ceuta ein, die damals bedeutendste Hafenstadt des muslimischen Marokko. An dem Feldzug hatte der portugiesische **Prinz Henrique** (1394–1460) teilgenommen, der fortan *O Navegador*, Heinrich der Seefahrer, genannt wurde. Nachdem Henrique 1419 vom König zum Gouverneur der Algarve ernannt wurde, stationierte er seine Flotte in Lagos. In Henriques Auftrag umsegelte von hier aus Gil Eanes 1434 erstmals das westafrikanische Kap Bojador im heutigen Westsahara. Zum Beweis brachte er eine Tonne voll roter Erde, exotische Rosen und

Wild und ursprünglich präsentiert sich die Küste der Algarve ganz im Westen

eine Ladung Afrikaner mit, die er in Lagos versteigerte – der erste **Sklavenmarkt** der Neuzeit auf europäischem Boden.

Viel später, 1578, erhob der 24-jährige König **Sebastião** Lagos zur Hauptstadt der Algarve und stach von hier mit einer Flotte von 800 Schiffen gen Marokko in See. Die europäischen Soldaten, die sich als Kreuzritter im Kampf gegen die Ungläubigen verstanden, wurden in der Schlacht von Ksar-el-Kebir vernichtend geschlagen. Auch Sebastião fiel, sein Leichnam blieb aber verschollen, sodass viele Portugiesen nicht an seinen Tod glaubten. Über Jahrhunderte hielt sich die Hoffnung, dass der jugendliche König eines Tages wiederkehren und sein Land wieder zu einstiger Größe führen werde (Sebastianismus, s. S. 103).

Einen schlimmen Schlag versetzte Lagos das Erdbeben von 1755, die nachfolgende riesige Flutwelle spülte die Stadt fort, die auch nach dem Wiederaufbau nicht mehr an ihre frühere Bedeutung anknüpfen konnte, obwohl der Tourismus seit Mitte des 20. Jh. für Wohlstand sorgt.

Besichtigung Lagos' Hauptstraße ist die **Avenida dos Descobrimentos** ❶, die palmenbestandene Straße der Entde-

cker, die den Fluss Ribeira de Bensafrim durch das gesamte Altstadtgebiet bis zum Meer, zu der dortigen Festung und den anschließenden Felsenstränden begleitet. Sie fungiert gewissermaßen auch als *Hafenpromenade*, denn der rege befahrene Bensafrim wurde als Zufahrt zum 1995 eröffneten **Porto Lagos** ❷ am gegenüberliegenden Flussufer ausgebaut. Dort bieten die beiden Becken des Jacht- und des Fischereihafens sowohl Freizeitbooten als auch Trawlern und Kuttern ausreichend geschützte Liegeplätze.

Zur Stadt hin säumen die Avenida Geschäfte, Restaurants und die zweigeschossige Markthalle des **Mercado** ❸ aus den 1920er-Jahren. Der Markt bietet jeden Morgen ein buntes Bild von Geschäftigkeit. Der Reichtum des Meeres und des klimatisch begünstigten Küstenlandstrichs zeigt sich in reichhaltiger Fisch- und Fleischauswahl im Erdgeschoss sowie in üppigem Obst- und Gemüseangebot im ersten Stock.

Westlich beginnt die ausgedehnte Fußgängerzone des Zentrums. Die **Praça Gil Eanes** ❹ wird von der modernen *Skulptur des Königs Sebastião* beherrscht. 1973 von João Cutileiro als Astronaut dargestellt, reflektiert sie die volkstümlichen

Straßenkünstler vor dem Standbild des unvergessenen Königs Sebastião auf der Praça Gil Eanes

Fantasien und Legenden, in denen von einer Rückkehr des Helden die Rede ist. Der vom alten Rathaus, Bank, Post, Touristeninformation und mehreren Lokalen gerahmte Platz ist der bei Besuchern und Jugendlichen gleichermaßen beliebte Treffpunkt der Stadt.

Unweit nördlich ragt auf einer Anhöhe die Renaissancefassade (16. Jh.) der **Igreja de São Sebastião** ❺ auf. Die große dreischiffige Kirche geht auf das 15. Jh. zurück, wurde aber mehrmals umgebaut, zuletzt nach dem Erdbeben von 1755. Das monumentale Bildnis der Nossa Senhora da Glória am Hochaltar entstand im 16. Jh. in Brasilien. Im Kreuzgang befindet sich eine kleine Knochenkapelle.

Die parallel verlaufenden Geschäftsstraßen Rua Barroca und Rua 25 de Abril führen nach Süden zur **Praça Infante Dom Henrique** ❻, einem großen rechteckigen Platz an der Hafenpromenade, der früheren *Praça da República*. Mitten in der Anlage der parkartigen Anlage sitzt, einen Quadranten in der Rechten die *Bronzestatue Heinrich des Seefahrers*, die 1960 zum 500. Todestag des Prinzen aufgestellt wurde. Den Platz säumen die ältesten Gebäude der Stadt: Im Westen imponiert der barock verschnörkelte Eingang zum Waffenarsenal, **Armazém Regimental** ❼, in dessen Erdgeschoss einige

Kunstgewerbegeschäfte einzogen. Den Norden nimmt die Schmalseite des lang gezogenen ›Sklavenmarkts‹, **Mercado de Escravos** ❽, ein. Im einstigen Zollamt,

Die Fußgängerzone von Lagos lädt zu einem angenehmen Einkaufsbummel ein

Delegação da Alfádenga, aus dem 15. Jh. wurden die ersten afrikanischen Sklaven Europas versteigert. Dieses gotische Gebäude mit Arkadengang ist eines der wenigen, die das Erdbeben 1755 unbeschadet überstanden. Heute dient es der Stadt als Ausstellungsraum. Auf der anderen Seite des Platzes flankieren dorische Säulen den Eingang zur **Igreja de Santa Maria** ❾ (18./19. Jh.), auch bekannt als Igreja de Misericórdia. Über dem Bogenportal akzentuiert das schmiedeeiserne Gitter eines Schaubalkons vor einem hohen Flügelfenster die Fassade.

Einen Straßenblock weiter westlich befindet sich die **Igreja de Santo António** ❿, seit ihrem Wiederaufbau 1769 die eindrucksvollste Kirche der Stadt. Der einschiffige Innenraum wird von einem bemalten hölzernen Tonnengewölbe überspannt. Über einem Fliesensockel sind Wände und Altarfront vollständig mit verschnörkeltem *Talha-Dourada*-Dekor bedeckt. An den Seiten stellen goldgerahmte Bilder Szenen aus dem Leben des hl. Antonius dar, eine Statue des Heiligen schmückt den Altar. Seit 1999 ist das Gotteshaus mit dem unmittelbar anschließenden **Museu Municipal** ⓫ (Di–So 10–12.30 und 14–17.30 Uhr) verbunden und auch nur mit diesem zusammen zu besichtigen. Das städtische Museum vereint die bedeutendsten archäologischen Fundstücke und Kunstschätze der Gegend. Neben steinzeitlichen Menhiren sowie luso-iberischen und maurischen Keramiken werden mittelalterliche Sakralkunst

und eine ethnografische Dokumentation zum traditionellen Leben der Fischer und Kleinbauern der Ostalgarve gezeigt.

Ein Rundgang durch die Sträßchen der Altstadt führt an zahlreichen guten Restaurants und netten Geschäften vorbei. Früher oder später endet er immer an der **Muralha** ⓬, der Stadtmauer aus dem 16. Jh. Auf der Landseite des Bollwerks sind noch sieben der ursprünglich 14 Verteidigungstürme und einige Stadttore erhalten. Ein weiteres Stück der wuchtigen Mauer kann man am äußeren Ende der Avenida dos Descobrimentos sehen, gegenüber der Festung **Ponta da Bandeira** ⓭, die im 17. Jh. zur Bewachung des Hafens erbaut wurde. Heute umschließen die trutzigen Burgwälle ein Restaurant sowie links einige Räume für landeskundliche Wechselausstellungen (Di–So 10–12.30 und 14–17.30 Uhr). Die Eintrittskarte berechtigt auch zur Besichtigung des Forts selbst, von dessen Zinnen man einen weiten Ausblick über Stadt und Küste genießen kann.

Strände

Während der Sommersaison verbindet ein *Comboio Turístico*, ein als Zug aufgemachter offener Kleinbus, die Avenida dos Descobrimentos im Zentrum von Lagos mit den Stränden Praia do Porto de Mós, Ponta da Piedade, Praia do Camilo und Praia de Dona Ana sowie mit der Meia Praia. Das Gefährt verkehrt etwa alle halbe Stunde und hält auf Handzeichen oder Zuruf.

Im Museu Municipal kann man die Stadtgeschichte Revue passieren lassen

Portugals Macht und Reichtum noch im 18. Jh. zeigt die prachtvolle Igreja de Santo António

Vom Fuß der Festung Ponta da Bandeira führen Treppen zum kleinen Stadtstrand **Batata**, dessen Wasser wegen seiner Nähe zur Stadt nicht immer zum Baden geeignet ist. Im Osten, auf der anderen Seite des Flusses, bietet die breite **Meia Praia** hingegen ausgezeichnetes Badewasser. Der beliebte familienfreundliche Sandstrand führt in sanftem Bogen rund 5 km an der *Baía de Lagos* entlang. Auch Taucher und andere Wassersportler finden hier verlockende Angebote.

Südlich von Lagos schließen sich weitere kleine Felsenbuchten an. Sie bergen

Das ehemalige Zollamt an der Praça Infante Dom Henrique diente als Sklavenmarkt

wildromantische Strände mit besonders ruhigem, glasklarem Wasser, z. B. *Praia Pinhão*, *Praia de Dona Ana* und *Praia do Camilo*. 2 km südwestlich ragt das Kap **Ponta da Piedade** weit in den Atlantik hinaus. Mit seinen bizarren Felsformationen und zahlreichen Grotten ist es einer der malerischsten Orte der Küste. Vor allem vom Meer aus bieten die bis zu 20 m hohen, von Wind und Wetter ausgehöhlten Kalksteinwände einen fantastischen Anblick. Fischer glaubten früher, in ihnen Kirchtürme oder einen Stiefel zu erkennen, wie die Namen einzelner markanter Gebilde verraten. Einen reizvollen Farbakzent gegen die Felsen setzt das türkisgrün schimmernde Wasser in der Bucht. Man kann sie mit dem Boot, aber auch problemlos mit dem Auto anfahren. Vom Parkplatz auf den Klippen führen 190 aus dem Fels gehauene Stufen hinab zur Ponta da Piedade. Von oben bietet sich noch ein herrlicher Überblick auf Reste eines alten Forts, einen Leuchtturm und auf die beeindruckende Klippenkulisse voller Silberreiher-Nistplätze.

Nach weiteren 2 km sind **Canavial** und **Porto de Mós** erreicht, ebenfalls von Felsen eingeschlossene, sandige Buchten mit Restauration und Parkplätzen. Sie sind populäre Ausflugsziele für Familien aus der ganzen Umgebung.

ℹ️ Praktische Hinweise

Information

Posto de Turismo, Praça Gil Eanes, Lagos, Tel. 282 76 30 31, www.cm-lagos.pt

Tauchen

Blue Ocean Divers, Motel Ancora, Estrada de Porto de Mós, Tel. 964 66 56 67, www.blue-ocean-divers.de. Tauchschule mit Übungspool, Kajakausflüge.

Atmosphärisches Nachtmahl vor der Igreja de Santo António in Lagos

Hotels

***Riomar, Rua Cândido dos Reis 83, Lagos, Tel. 282 77 01 30, www.hotelriomar lagos.com. Freundliches, zentral gelegenes Hotel. Die Zimmer haben Balkon. In der Umgebung aber lautes Nachtleben!

**Lagosmar, Rua Dr. Faria e Silva 13, Lagos, Tel. 282 76 35 23, www.lagosmar. com. Nettes Hotel in einer ruhigen Seitenstraße der Altstadt.

Caza de São Gonçalo, Rua Cândido dos Reis 73, Lagos, Tel. 282 78 98 62. Elegant sanierter Altbau im Zentrum. Die Einrichtung des komfortablen Hostels ist vom Feinsten.

Restaurants

Adega da Marina, Avenida dos Descobrimentos 35, Lagos, Tel. 282 76 42 84. In dem einstigen Lagerhaus werden Fleisch und Fisch kunstfertig über dem Holzkohlegrill zubereitet.

Os Arcos, Rua 25 de Abril 30, Lagos, Tel. 282 76 32 10. Das Restaurant in der Fußgängerzone beweist, wie schmackhaft die Küche der Algarve sein kann.

Abstieg mit Stil – die Treppen führen zu den Felsformationen der Ponta da Piedade

Duquesa, Rua Marreiros Neto 37, Lagos, Tel. 282 76 47 16, www.duquesarestaurant. com. Restaurant und Café mit internationaler Küche (So und Mo geschl.).

Meu Limão, Rua Silvia Lopes 40, Lagos, Tel. 282 76 79 46, http://meulimao.webs. com. Bar mit guten Tapas und Weinen.

Bar

Bom Vivant, Rua 25 Abril 105, Lagos. Tel. 282 76 10 19. Beliebte Bar und Diskothek, vor allem wegen der Dachterrasse.

36 Colinas Verdes

Wälder, Seen und verträumte Dörfer in intakter Natur.

Colinas Verdes, *grüne Hügel*, nennt man bezeichnenderweise das Hinterland von Lagos. Hier liegen hübsche Dörfer wie **Bensafrim** oder **Barão de São João**, in denen niedrige, gekalkte Lehmhäuser

So menschenleer ist es an der schönen, windgeschützten Praia da Luz nur selten

vorherrschen und Touristen höchstens zur Stippvisite vorbeikommen. Dabei ist die ruhige ländliche Umgebung ideal für einen Erholungsurlaub. Insbesondere der **Mato Nacional**, ein ausgedehnter Staatsforst in der *Serra de Espinhaço de Cão*, lockt mit Wanderwegen und Picknickplätzen. Auf den hochwüchsigen Pinien-

Im Frühjahr verwandeln sich die grünen Hügel um Bensafrim in eine Blumenwiese

wald folgen die Eukalyptuspflanzungen des angegliederten, ebenfalls ausgeschilderten **Perímetro da Floresta**.

6 km nördlich von Bensafrim liegt in hügeligem Gelände mit Blick auf die höher gelegene Serra de Monchique [Nr. 46] der stark verzweigte Stausee **Barragem de Bravura**. Er ist auch über eine schmale, aber landschaftlich sehr schöne Straße vom Ort Odiáxere aus zu erreichen. Der größte der in den 1960er-Jahren angelegten Stauseen der Algarve fängt die Wasser mehrerer Bergflüsschen auf, u. a. der Ribeira de Odiáxere. Die Umgebung des Sees wurde mit schnell wachsenden Eukalyptus- und Kieferbäumen aufgeforstet. Per Auto gelangt man bis zu einem kleinen Imbissstand oberhalb der 41 m hohen Staumauer, weiter geht es dann zu Fuß entlang der steilen Ufer. Je nach Jahreszeit und Wasserstand eignet sich die Barragem de Bravura auch zum Baden.

ℹ Praktische Hinweise

Hotel

Alto da Lua, Corte de Pero Jaques-Bordeira, (zwischen Bordeira und Bensafrim), Tel. 919 53 31 00, Der *Turismo rural* in einem alten Bauernhof mit modernen

Etwa 1 km lang ist die flach auslaufende, von dunklen Felsen umgebene **Praia da Luz** beim einstigen Fischerdorf Luz. Der breite Strand wurde bereits früh im 20. Jh. von Engländern entdeckt. Man hat sich auf die Gäste eingestellt: Apartmenthäuser, Restaurants und Pubs säumen die Strandpromenade, das vielfältige Wassersportangebot an der belebten Praia reicht

Gebäuden, Apartments und Zimmern, Swimmingpool und Garten ist das ideale Quartier, wenn man sich von der Welt zurückziehen will. Nur mit dem Auto zu erreichen.

Restaurant

Cangalho, Quinta Figueiras, Medronhal, Barão de São João, Tel. 282 68 72 18, www.cangalho.com. Großes, gepflegtes Landhaus, dessen Küche auf Spanferkel und Lammbraten spezialisiert ist (Mo geschl.).

37 Luz

Familienfreundlicher Strand mit viel Platz für Individualisten und Naturliebhaber.

Westlich von Lagos wird nicht nur die Vegetation spärlich, auch die Strände werden steiniger, die Steilküsten höher und die Felsen imposanter. In dieser großartigen Naturszenerie haben sich viele Engländer, Deutsche und Holländer niedergelassen, denen wohl weniger am mondänen Badebetrieb als am Landschaftserlebnis liegt. Ob als Saisongäste oder als Betreiber von Restaurants oder Reiterhöfen bevölkern sie die Dörfer zwischen Lagos und Sagres.

Sehnsucht nach dem Unwiederbringlichen

Zur Saudade, der schwermütigen Sehnsucht, die den Portugiesen nachgesagt wird, passt der **Sebastianismus**, der viel mehr ist als eine Legende. 1568 übernahm *Sebastião* (1554–1578) als 14-Jähriger die Regierungsgeschäfte. Der junge portugiesische König war besessen von der Idee, durch große Schlachten gegen die **Mauren** in die Geschichte einzugehen. 1572 stellte er aber zunächst eine Flotte gegen die Türken zusammen, doch die Schiffe gerieten in Seenot, ehe sie die Tejomündung richtig verlassen hatten. Mit 24 Jahren brach Sebastião erneut auf, segelte mit 800 Schiffen von Lagos nach **Marokko**. Dort starb er am 4. August 1578 in der Schlacht von Ksar-el-Kebir und mit ihm 17 000 Mann seines Heeres. Von den nur etwa 70 Überlebenden wollte niemand gesehen haben, dass Sebastião gefallen war, denn es galt als ehrenrührig, sein Leben nicht für den König geopfert zu haben.

Die Unsicherheit über das Schicksal des jungen Regenten gipfelte in dem Glauben, dass Sebastião, nun mit dem Beinamen der Ersehnte zurückkehren und das Land von allen Problemen befreien werde. Die messianische Erwartung fußte zum einen auf dem weit verbreiteten Hang zum Übersinnlichen, zum anderen auf einem populären Gedicht, das ein Schuhmacher namens *Bandarra* 1530 verfasst hatte und in dem konfuse Verheißungen auf einen Retter Portugals verbreitet wurden. Romantische Geschichtsschreiber des 19. Jh. wie *Oliveira Martins* griffen die Legende wieder auf, die für Portugal eine ähnliche Bedeutung hat wie die Artussage für England oder die Barbarossalegende für Deutschland.

von Tauchen über Wasserski und Windsurfen bis zu Tretbootfahren.

Einer der schönsten Fußwege der Gegend führt entlang der **Steilküste von Luz nach Burgau**, ist knapp 5 km lang und auch von Ungeübten in einer guten Stunde zu bewältigen. Von dem teilweise nur schmalen Pfad über unbebautes und wenig bewachsenes Terrain bieten sich atemberaubende Ausblicke auf Felsen und Meer.

ℹ Praktische Hinweise

Camping

***Parque Orbitur**, Estrada da Praia da Luz (zwischen Luz und Espiche), Tel. 282 78 92 11, www.orbitur.pt. Der gepflegte Platz mit allem Luxus und entsprechenden Preisen liegt nur 2 km vom Strand entfernt.

Badegäste finden stets ausreichend Platz an den weiten Stränden bei Burgau

Restaurants

Adega do Papagaio, Largo da Adega 11, Espiche, Tel. 282 79 84 23, www.adegado papagaio.com. Ein als Weinkellerei dekoriertes uriges Lokal. Spezialität: Fleisch auf heißem Stein. Es gibt aber auch vegetarische Gerichte.

Chicca, Rua da Várzea 3, Praia da Luz, Tel. 282 76 13 34, http://pastelariachicca-luz.com. Hier speist man gut und günstig.

38 Burgau

Das halb verlassene Dorf wurde zum Refugium nordeuropäischer Aussteiger.

Die Hauptstraße des winzigen Burgau endet am Strand, auf dem die Fischerboote liegen. In den 1980er-Jahren glich das ganze Dorf einer Baustelle, denn zugezogene Engländer und Niederländer renovierten alte, verlassene Häuser um die Wette. Der Erfolg kann sich sehen lassen: weiß getünchte adrette Häuser säumen die steil abwärts führende Zufahrt zur hellsandigen, fast weißen **Praia do Burgau**, deren Wasserqualität allerdings nicht immer ganz einwandfrei ist. Vom Strandlokal kann man dem Treiben der Dorfkinder und Urlauber zusehen.

Westlich der kleinen ortsnahen Praia erstreckt sich hinter pittoresken Felsen ein weiterer, etwa 500 m langer Strandabschnitt. Auf den Felsen darüber dient eine kleine Festung aus dem 17. Jh. an exponierter Stelle als origineller Rahmen für ein Lokal. Will man mit dem Auto auf der *Küstenstraße* weiter Richtung Boca do Río und Salema [s. S. 105] fahren, sollte man zumindest über einen geländegängigen Wagen und gute Nerven verfügen. Letztere sind für die schmale geländerlose Brücke unabdingbar, die man bei Boca do Río überqueren muss.

ℹ Praktische Hinweise

Restaurants

Ancora, Travesso do Alocrim 2, Burgau, Tel. 282 69 71 02, http://restaurantancora. com. Schönes Ambiente, guter Service. Günstige Tagesgerichte und Spezialitäten wie Hummer (Mo geschl.).

O Refugio, Largo do Poço 5, Burgau, Tel. 282 69 76 02, http://orefugio-burgau. com. Ansprechendes kleines Lokal mit regionaler Küche und Tagesgerichten.

Die Felder um Budens werden oft noch in mühevoller Handarbeit bestellt

Segelschiffs ›L'Ocean‹ ein Favorit, das 1759 etwa 300 m vor der Küste sank.

Salema

Eine unbefestigte Straße führt von Boca do Río etwa 1,5 km an der Steilküste entlang bis Salema. Dort lockt, eingerahmt von Felsen, ein breiter **Sandstrand**, der sich seit einigen Jahren immer größerer Beliebtheit erfreut. Salema ist ein reizvoller kleiner Ort mit Fischerhäuschen, die beinahe bis an die Meeresküste heranreichen, einigen netten Lokalen und neuen gepflegten Unterkunftsmöglichkeiten.

ℹ Praktische Hinweise

Camping

Quinta dos Carriços, Praia da Salema, Budens, Tel. 282 69 52 01, www.quintados carricos.com. 15 ha großes Areal inmitten der Natur, Kiefern spenden Schatten. Auch Apartments vorhanden.

39 Budens

Golf und herrliche Küstenspaziergänge.

Etwa 6 km nordwestlich von Burgau ziehen sich rechts der EN 125 die ruhigen Gassen von Budens eine Anhöhe hinauf zur **Igreja Matriz**. Die Dorfkirche geht auf das 16. Jh. zurück, wurde aber im 18. Jh. umfassend erneuert. Aus derselben Zeit stammt die nahe Kapelle São Lourenço, die in neomaurischem Stil erbaut und mit Kuppeln bekrönt wurde.

Nördlich des Dorfes liegt der **Parque da Floresta Golf Club**. Sein anspruchsvoller 18-Loch-Platz wurde 1985 von Pepe Cancedo entworfen. Fachleute schätzen das einfallsreich in die reliefreiche Landschaft eingepasste Green. Angeschlossen ist ein Resort, zu dem auch Tennisplätze, Squashcourts, Bowlingbahnen, Bogenschießanlage und das Wellnesscenter *Spa Floresta* gehören.

Boca do Río

Auf der Höhe von Budens zweigt von der N 125 eine Straße südwärts in ein breites, landwirtschaftlich genutztes Tal ab, das zum Meer hin in einem flachen **Strand** ausläuft. Hier an der Boca do Río, der Mündung des Flusses, sind noch Mauerreste einer *Fischpökelanlage* aus römischer Zeit zu sehen. In Taucherkreisen ist hingegen das **Wrack** des französischen

40 Vila do Bispo

Wunsch oder Wirklichkeit? Einst beehrte Heinrich der Seefahrer das Landstädtchen.

Auf einem Hügel an der Kreuzung der Straßen von Lagos (N 125), Sagres und Aljezur (N 268) liegt Vila do Bispo (1000 Einw.), die

Das friedlich grasende Rindvieh im Hinterland von Salema hat die Ruhe weg

Stadt des Bischofs. Bevor König Manuel I. den Ort 1515 dem Bischof von Faro schenkte, hieß er *Santa María do Cabo*. Der Ort hat sich seine einfache, ländlich geprägte Architektur bis heute bewahrt. Bedeutendste Sehenswürdigkeit ist die niedrige, einschiffige **Igreja Matriz**, im 16. Jh. zu Ehren der Nossa Senhora do Cabo erbaut und ein kleines Gesamtkunstwerk: Ein reich verzierter Mauerbogen trennt im Inneren die Chorkapelle vom Hauptschiff, hinzu kommen prächtige *Talha-Dourada*-Altäre, eine barocke Holz-Kassettendecke und reicher weiß-blauer Azulejoschmuck.

Zu Vila do Bispo gehört auch das 2 km östlich gelegene Dorf **Raposeira**. Und noch einmal 2 km weiter, steht direkt an der Schnellstraße EN125 die ergreifend schlichte, frühgotische Wallfahrtskapelle **Ermida de Nossa Senhora de Guadalupe** (Mai–Sept. Di–So 10.30–13.00 und 14–18.30, Okt.–April Di–So 9.30–13.00 und 14–17 Uhr). Die vermutlich im frühen 13. Jh. erbaute Kapelle aus rotem Sandstein mit Rosette über dem Portal ist die älteste gotische Kapelle der Algarve. Bei der letzten Restaurierung im Jahr 2008 erhielten die dicken Mauern einen frischen weißen Anstrich. Die Kapitelle im einschiffigen Inneren zieren Menschenköpfe mit ausdrucksstarken Gesichtern. Sie wirken, als beobachteten sie die Besucher des kleinen Gotteshauses. Man erzählt, hierhin habe sich Heinrich der Seefahrer vor großen Expeditionen zum Gebet zurückgezogen.

Strände

Von Raposeira aus nach Süden führt ein Sträßchen über den Weiler *Hortas de Tabual* zur teils sandigen, teils mit Kies bedeckten **Praia da Zavial** an einer meist trockenen Flussmündung. Sie ist ein Dorado für Surfer. Westlich davon lädt die felsumgebene Sandbucht **Praia da Ingrina** zum Sonnenbaden und Schwimmen ein. An beiden Strände sorgt ein kleines Lokal für das leibliche Wohl der Besucher.

ℹ Praktische Hinweise

Restaurant

A Eira do Mel, Estrada do Castelejo, Vila do Bispo, Tel. 282 63 90 16. Rustikales Lokal in hübschem Algarvehaus direkt neben dem Markt. Es gibt regionale Gerichte in üppigen Portionen zu moderaten Preisen.

41 Sagres

Kaderschmiede Heinrich des Seefahrers, Wiege der portugiesischen Entdeckungen.

Auf einem schroffen, steil abfallenden Felsplateau liegt im stürmischen Wind hoch über dem tosenden Atlantik der Hafenort Sagres (2000 Einw.). Ein kleiner Leuchtturm markiert die Spitze der Halbinsel *Ponta de Sagres*, die sich nach Südwesten weit ins Meer vorschiebt. Wegen ihrer exponierten Lage galt sie spätestens im 2. Jh. n. Chr. bei den Römern als idealer Ort, um den Göttern zu huldigen und ihren Beistand zu erflehen. Sie nannten die Landzunge **Promontorium Sacrum**, Heiliges Vorgebirge, aus dem im Laufe von Jahrhunderten Sagres wurde. Auch unter den Arabern und den nachfolgenden Portugiesen behielt Sagres den Nimbus des Besonderen.

Vila do Bispo soll einst Rückzugsort für Heinrich den Seefahrer gewesen sein

Die gewaltige Festungsanlage von Sagres erinnert an die ruhmreiche Seefahrerzeit Portugals

Zu wahrer Blüte verhalf dem Ort aber erst Heinrich der Seefahrer (1394–1460) [s. S. 108]. Er ließ ab 1443 die beiden Buchten *Mareta* im Süden und *Baleeira* im Osten von Sagres zu Schutzhäfen ausbauen. Vielleicht errichtet er hier auch seine *Seefahrerschule* [s. S. 108], die den Ruhm Sagres' als geistiges Zentrum der portugiesischen Entdeckungsfahrten begründete. Gesicherte historische Belege fehlen jedoch. Sagres wurde durch das Erdbeben von 1755 fast vollständig zerstört und konnte sich von dieser Katastrophe nie erholen. Heute wirkt Sagres etwas verlassen. Weit verstreut stehen Häuser, Hotels und Restaurants an den wenigen Straßen, die im Westen am Fischereihafen **Porto da Baleeira** enden.

An die große Zeit im 15. und 16. Jh. erinnert jedoch die **Fortaleza de Sagres** (Juli/Aug. tgl. 9.30–20.30, Mai/Juni, Sept. tgl. 9.30–20, April und Okt. tgl. 9.30–18.30, Nov.– März tgl. 9–17.30 Uhr) auf der *Ponta de Sagres*, auch wenn von der legendären Seefahrerschule, die Heinrich der Seefahrer an dieser Stelle Mitte des 15. Jh. errichtet haben soll, nichts erhalten blieb. Die Festung wurde 1587 durch die Engländer unter Francis Drake und 1755 durch das große Erdbeben zerstört. Die monumentale Verteidigungsanlage, die den Felsen heute zum Land hin abschirmt, entstand Ende des 18. Jh. Durch das Eingangstor gelangt man in den Hof, der von den einstigen Stallungen und Wohngebäuden gerahmt wird. Sie wurden zu einem modernen

Centro da Informação ausgebaut, das mit Schautafeln und historischen Exponaten wie Navigationsinstrumenten oder Karten über die Geschichte Sagres' informiert. Rätsel gibt die riesige, aus kleinen, unregelmäßigen Steinen gelegte Windrose **Rosa dos Ventos** links vom Tor auf. Sie misst 43 m im Durchmesser und ist in 48 gleichgroße Segmente unterteilt, von denen jedes 7,5 ° eines Kreises und 30 Minuten der Erdumdrehung entspricht. Eventuell stellte man mit ihrer Hilfe nautische oder astronomische Berechnungen an.

Strände

Die Gegend um Sagres bietet wunderbare Szenerien mit gischtsprühendem Atlantik, atemberaubenden Felskulissen und geschützten Sandbuchten. Gegenüber der **Praia da Baleeira**, die sich direkt nördlich an den kleinen Fischereihafen von Sagres anschließt, erstreckt sich der lange Sandstrand der **Praia do Martinhal**. Zwei nette Lokale in gemütlichen Holzhäusern bieten einfache Speisen, erfrischende Getränke und – wenn nötig – Schutz vor Wind und Wetter. Die **Praia da Mareta** im Süden von Sagres liegt im Schutz der Felsenkaps Ponta de Sagres und Ponta da Atalaia und gilt als eigentlicher Hausstrand. Auf der anderen, westlichen Seite des Felsens liegt, deutlich stärker den Wellen und dem Wind ausgesetzt, die kleine **Praia do Tonel**, die über eine schmale Treppe von Sagres aus zu erreichen ist.

ℹ️ Praktische Hinweise

Information

Posto de Turismo, Avenida Comandante Matoso, Sagres, Tel. 282 62 48 73

Bootsausflüge

Cape Cruiser, Porto Baleeira, Sagres, Tel. 919 75 11 75, www.capecruiser.org. Touren längs der bizarren Küste mit der Chance, Wale, Delfine, Seevögel zu beobachten.

Hotels

******Memmo Baleeira**, Baleeira, Sagres, Tel. 282 62 42 12, www.memmobaleeira. com. Komfortable ausgestattetes Hotel mit Meerwasserswimmingpool und großartigem Ausblick auf die Bucht von Baleeira sowie den Hafen von Sagres.

******Pousada do Infante**, Ponte de Atalaia, Sagres, Tel. 282 62 02 40, www. pousadas.pt. Der moderne Bau mit Swimmingpool liegt in ruhiger Abge-

Henrique O Navegador – ein Seefahrer, der Schiffsplanken scheute

Prinz Henrique (Heinrich) erblickte am 4. März 1394 in Porto als vierter Sohn des portugiesischen Königs João I. und seiner Frau Philippa von Lancaster das Licht der Welt. Den Beinamen **O Navegador**, der Seefahrer, erwarb sich der 21-jährige Henrique mit der erfolgreichen Eroberung von Ceuta, an der er von Lagos aus teilgenommen hatte. Der Name blieb, auch wenn er später nur noch äußerst selten in See stach. Henrique war ab 1419 Gouverneur der Algarve, Verantwortlicher für den Seehandel, Großmeister des Christusritterordens – und beseelt vom Gedanken, die Grenzen damaligen Wissens zu erweitern, ferne Länder und Kontinente zu erschließen und sagenumwobene Küsten zu erkunden. **Sagres**, am südwestlichen Ende Europas, schien der ideale Ort zu sein, um eine Seefahrerschule zu gründen. Henrique versammelte in der dortigen Fortaleza Fachleute für Meteorologie, Astrologie und Navigation aus aller Welt, ließ Seekarten zeichnen, Routen ausarbeiten, und neue Schiffstypen entwickeln. Darunter war auch die Karavelle, ein äußerst wendiges Schiff mit relativ geringem Tiefgang, das hoch am Wind segeln kann und zugleich tauglich für lange Seereisen ist. 1441 baute eine Werft in **Lagos** die ersten Schiffe dieses Typs. Prinz Hernrique hatte den Ort östlich von Sagres wegen seiner günstigen Lage mit Blick auf die nordafrikanische Küste als Stützpunkt für die Flotte und Startpunkt für die Entdeckungsreisen gewählt. 1427 erreichten portugiesische Schiffe die Azoren, 1434 umsegelte Gil Eanes das westafrikanische Kap Bojador, 1444 gelangten Álvaro Fernandez und Diniz Dias bis zum Senegal. Portugal schickte sich an, Welt- und Kolonialmacht zu werden, suchte entlang der afrikanischen Küsten, später in Indien und Südostasien Gewürze, Gold und andere wertvolle Handelsgüter. Heinrich der Seefahrer, der die Grundlagen für diese Entwicklung gelegt hatte, starb am 13. November 1460 in Sagres, dem bevorzugten Aufenthaltsort seiner letzten Lebensjahre.

Idealbild: Heinrich der Seefahrer mit Seeleuten und Gelehrten

schiedenheit auf den Klippen. Sensationell ist die Aussicht auf die Festung von Sagres.

****Mareta View, Beco Dom Henrique, Sagres, Tel. 282 62 00 00, www.maretaview.com. Das Boutiquehotel, das einen herrlichen Meerblick und 17 fröhlich bunt eingerichtete Zimmer bietet, steht oberhalb des Sandstrandes Praia do Mareta.

Restaurants

A Tasca, Porto da Baleeira Sagres, Tel. 282 62 41 77. Am Fischereihafen von Sagres lädt eines der urigsten Fischlokale der Gegend zum Schlemmen ein.

Mar a Vista, Mareta, Sagres, Tel. 282 62 42 47. Das Lokal oberhalb der Praia do Mareta mit großer Terrasse tischt frischen Fisch auf (Mi, Nov.–März geschl.).

Nortada Beach Bar, Praia do Martinhal, Sagres. Wunderschön gelegenes Strandlokal, das fangfrischen Fisch, Meeresfrüchte und Huhn Piri-Piri serviert.

42 Cabo de São Vicente

Ende des alten Europa – Vorposten für heimkehrende Seefahrer.

In Sichtweite von Sagres ragt bereits die nächste Felsenspitze aus dem Atlantik, das ›Kap des Heiligen Vinzenz‹ am Ende einer 5 km langen und fast 1 km breiten

Weit ragt das Cabo de São Vicente im Südwesten Portugals in den Atlantik hinaus

Halbinsel. Sie ist bedeckt von einer mattenartigen Vegetation aus Flechten und Buschwerk. Über 60 m fallen die Klippen der Steilküste hier ab. Man kann sich kaum vorstellen, dass das von zwei Raben begleitete Boot mit dem Leichnam des hl. Vinzenz von Valencia nicht zerschellte, das der Legende nach im 4 Jh. hier landete und der Felsnase im äußersten Südwesten Europas den Namen gab. Für die Menschen des Mittelalters war hier das Ende der Welt.

Das Kap krönt seit 1846 ein **Faról**, ein 62 m hoher Leuchtturm. Schon im 16. Jh. unterhielten Mönche des Hieronymitenordens ein Feuer an dieser Stelle, um die Seefahrer vor den gefährlichen Felsen zu warnen. Die Ruinen ihres Klosters, das von Manuel I. stiftete, sind neben dem Leuchtturm zu sehen. Sein modernes, 3000 Watt starkes Licht ist 16–20 Seemeilen weit sichtbar – und damit nach einer Atlantiküberquerung eines der ersten Zeichen für das sich nähernde europäische Festland und als willkommener Hinweis auf einen sicheren Hafen.

Vor der Küste des Kaps Cabo de São Vicente fand 1833, während des Bürgerkriegs, die entscheidende Schlacht zwischen Miguelisten und Liberalen statt. Letztere besiegten, unterstützt von den Engländern, die Anhänger des absolutistischen Miguel.

Von der Costa Vicentina in die Serras – Brandung, Berge, Burgruinen

Die großartige Westküste der Algarve nennt man **Costa Vicentina**. Sie zieht sich vom namengebenden Cabo de São Vicente Richtung Norden hin. Von windgepeitschten **Felsplateaus** fallen Steilwände bis zu 150 m tief ins Meer ab, Unten aber lassen sie immer wieder Platz für abwechslungsreiche **Strände**. Zwischen schwarzen, rotbraunen oder ockergelb schimmernden Klippen verstecken sich je nach Witterung goldsandige Dünen oder in Gischtwolken gehüllte einsame Buchten. Die gesamte Westküste der Algarve steht seit 1988 auf einer Fläche von 75 000 ha als **Parque Natural do Sudoeste Alentejano e Costa Vicentina** unter Schutz. Der Naturpark zwischen Sagres und Sines im Alentejo soll die bisher wenig erschlossene Klippen- und Dünenlandschaft vor Zersiedelung und Zerstörung bewahren.

Östlich der Küste erheben sich im Landesinneren die **Serra de Espinhaço de Cão** und das Massiv der **Serra de Monchique**. Fast das ganze Jahr über leuchten die lang gezogenen Bergrücken in satt-saftigem Grün. Zwischen Bergland und Küstenstreifen lädt im Süden die alte Maurenstadt **Silves** zum Besuch von Burg, Kathedrale und Museen ein.

43 Torre d'Aspa bis Cabo Pontal

Traumstrände vor wildromantischer Steilküstenszenerie.

Keiner der traumhaften, wilden Atlantikstrände an der Westküste gleicht dem anderen. Die winzigen Orte ducken sich in Mulden des darüber liegenden Hochplateaus. Nur ein paar Ferienhäuser stehen hier und da an der eigentlichen Küste, doch meist ist die Landschaft einsam und von naturbetontem Charme.

Von Vila do Bispo [Nr. 40] führt ein geteertes Sträßchen nach Westen. Von ihm führen ausgeschilderte, aber unbefestigte Feldwege mitunter recht hoppelig bis an die Steilküste heran, z. B. an den höchsten Felsen der Küste, den 147 m hohen **Torre d'Aspa**. Der Blick von den Klippen – bei stürmischem Wetter nicht ganz ungefährlich – öffnet einen faszinierenden Ausblick auf unzählige weitere Felsnasen, die sich entlang der Küste aneinanderreihen. Ungehindert branden die Wellen an und schicken weiße Gischtwolken in die Höhe.

Weiter geht es auf der Küstenstraße N 268 gen Norden. Immer wieder führen Stichstraßen Richtung Meer. Jede der Abzweigungen ist mit einer überlebensgroßen abstrakten Skulptur aus hellem Kalkstein markiert. Die Werke stammen von einem nicht benannten zeitgenössischen Künstler. Der erste dieser ungewöhnlichen Wegweiser gilt der **Praia do Castelejo**, die steinig, aber bei Wellenreitern sehr beliebt ist. Als nächster Strand folgt die **Praia da Cordoama**. Zu Fuß ist auch die **Praia Barriga** nicht weit, allerdings muss man einige niedrige Felsen überklettern. Man kann auch den bequemeren Weg über die Straße wählen.

Etwa 6 km nördlich zweigt von der N 268 ein Zubringer zur breiten, sandigen **Praia do Amado** ab, die von den Surfschulen aus Lagos für den Unterricht genutzt wird. Das rund 600 m lange Halbrund des Strandes ist von spektakulären Felsen eingefasst. Das nur 3 km entfernte **Carrapateira**, ein freundliches Fischerdorf, bietet einige Privatzimmer und das kleine volkskundliche Museum *Museu do Mar e da Terra da Carrapateira* (Juni–Sept. Di–Sa 11–18, sonst Di–Sa 10–17 Uhr).

Unendliche Weiten – bei Carrapateira dominieren Dünen die Küste

Feine Sandstrände wie hier bei Aljezur sind Kleinode an Portugals Westküste

Die Ausstellung erläutert die große Bedeutung des Meeres für die Küstenbewohner. Direkt in die beeindruckende Natur führt vom Ort aus ein Sträßchen, **TOP TIPP** das eine Schleife entlang der Küste über das **Cabo Pontal** beschreibt. Auf dem Kap stehen einige bescheidene Holzhütten und ein Restaurant. Von den ausgehöhlten, wild gezackten Klippen gehen Felsenfischer ihrer waghalsigen Beschäftigung nach. Im Norden breitet sich beiderseits der Mündung der Ribeira da Carratapeira die **Praia Bordeira** aus, ein herrlich weiter Sandstrand.

ℹ️ Praktische Hinweise

Restaurant

TOP TIPP **O Sítio do Río**, in den Dünen zwischen dem Ort Carrapateira und der Praia da Bordeira, Tel. 282 97 31 19. Das gemütliche Lokal bietet Mittag- und Abendessen. Es gibt wunderbare Caldeirada, frischen Fisch, gegrillte Fleischspießchen mit Ingwersauce sowie ein täglich wechselndes vegetarisches Gericht, jeweils zu moderaten Preise (Di geschl.).

44 Aljezur

Maurische Befestigung und weltvergessene Felsenbuchten am Atlantik.

Von einer Anhöhe über dem Fluss Ribeira de Alfambres grüßen bei Aljezur (3500 Einw.) schon von weitem die Ruinen des **Castelo Mourisco**, des alten maurischen Kastells aus dem 10. Jh. Es wurde 1243 von den Christen erobert. Seine im Achteck angeordneten Außenmauern sind noch erhalten, obwohl sie zuletzt im 14. Jh. erneuert wurden. Steile Gassen führen auf den Burgberg, aber der weite *Ausblick* lohnt die Mühe des Aufstiegs. Im Osten sieht man auf der anderen Flussseite die weißen Häuser der Neustadt von Aljezur. Francisco Gomes de Avelar (1739–1816), Bischof von Faro, ließ sie Ende des 18. Jh. oberhalb der Flussniederung anlegen, um der Bevölkerung eine Alternative zum Wohnen in den ungesunden Sumpfgebieten zu bieten. Die **Altstadt** zu Füßen des Kastells zerfällt in zwei Bereiche nördlich und südlich des Burgbergs.

Im Norden liegt das malerische **Zentrum** mit der großen, dreischiffigen *Igreja Matriz* (18. Jh.) und vier kleinen Museen. Das **Museu Municipal** (Largo 5 de Outubro, Tel. 282 99 10 11, Juni–Sept. Di–Sa 10–13 und 14–18, Okt.–Mai Di–Sa 9–13 und 14–17 Uhr; Kombiticket und Infos über aktuelle Öffnungszeiten aller Museen) stellt im alten Rathaus archäologische Funde aus. Nebenan zeigt das **Museu Antoniano** in der Capela de Santo António (17. Jh.) Figuren des hl. Antonius. Die nahe **Casa Museu Pintor José Cercas** (Rua do Castelo) widmet sich dem hier geborenen Maler Cercas (1914–1992) und in der gleichen Straße präsentiert das **Museu de Arte Sacra** die örtliche Kirchenkunst.

Nach Westen sieht man vom Burgberg auf die Ribeira de Alfambres, die in einer fruchtbaren grünen Talaue gemächlich dem Meer zufließt. Auf dem vergleichsweise kahlen, sandverwehten Plateau oberhalb ihres Südufers thront die Ferienhaussiedlung **Vale da Telha**.

Strände

Das Netz kleiner Küstenstraßen in der Umgebung von Aljezur ist nicht ausgeschildert. Hält man sich ab Aljezur Richtung Süden, gelangt man zu der bei Surfern sehr beliebten **Praia da Arrifana** (mit Restaurant). Die 114 m hohe, spitze Felsnadel **Pedra da Agulha** überragt den schönen, von eindrucksvollen Felsen geschützten Sandstrand. Nach Norden geht er in eine vom Meer ausgewaschene Felsenlandschaft über, die sich gut 2,5 km bis zum Kap **Ponta da Atalaia** hinzieht. Es folgen die kleinen Strandbuchten von Fonte Santa, Atalaia und Fortaleza.

Im Norden dieses Küstenabschnitts liegt das rund 300 m lange Halbrund der **Praia de Monte Clérigo**, einer der schönsten Strände der Costa Vicentina. Goldener feiner Sand leuchtet zwischen gezackten dunklen Felsen, die ein wenig Schatten gewähren. Oberhalb der Bucht befindet sich eine kleine Siedlung aus Fischerhäusern und einigen Ferienunterkünften.

Das rechte Ufer an der Mündung der Ribeira de Alfambres nimmt die **Praia da Amoreira** ein. Wer die kräftige Brandung des Atlantiks meiden will, findet am Fluss auf 1 km Länge ein breites, ruhigeres *Sand- und Dünenareal*. Beim Betreten sollte man sich jedoch strikt an die abgesteckten Wege halten, um die Anpflanzungen nicht zu zerstören, welche die Küste vor Verwehungen schützen.

Praktische Hinweise

Information

Posto de Turismo, Rua 25 de Abril 62, Aljezur, Tel. 282 99 82 29, www.cm-aljezur.pt

Camping

***Parque de Campismo do Serrão**, Herdade do Serrão (N 120, 3 km nördlich von Aljezur bei Aldeia Velha), Tel. 282 99 02 20, www.campingserrao.com. Sehr großer, gut ausgestatteter Platz ca. 5 km vom Strand entfernt.

Hotels

Vale da Telha, Vale da Telha, Aljezur, Tel. 282 99 81 80, www.valetelha.pt. Hübsch gelegene, behindertengerechte Ferienanlage (fünf Villen, 28 Zimmer) mit Pool.

Amazigh, Rua da Ladeira 5, Aljezur, Tel. 282 99 75 02, www.amazighostel.com. Zeitgemäßes Hostel mitten im Ort.

Restaurants

Paraiso do Mar, Praia da Amoreira, Aljezur, Tel. 282 99 10 88. In der unscheinbaren Baracke am Strand gibt es wunderbare Fischgerichte. Und besonders schön ist es, auf der Terrasse den Sonnenuntergang zu beobachten.

Restaurante da Praia, Praia da Arrifana, Aljezur, Tel. 282 99 85 27, http://restaurante praiaarrifana.com. Trendiges Strandlokal. Hier ist frischer Fisch Ehrensache.

Ruth – O Ivo, Rua 25 de Abril 14, Aljezur, Tel. 282 99 85 34. An der Hauptstraße mitten im Ort gelegenes einfaches aber landestypisches Restaurant, dessen Spezialität frisch gegrillter Flsch ist.

45 Odeceixe

Abgelegenes Paradies mit kinderfreundlichem Strand an einer breiten Flussmündung.

Die N 120 von Aljezur nach Odeceixe führt durch kleine Dörfer, vorbei an Feldern, Kiefern- und Korkeichenwäldchen. Stichstraßen gehen zu schönen einsamen **Stränden** ab wie Vale dos Homens mit schrägen Schieferfelsen, Praia da Carriagem oder Praia da Samouqueira.

Odeceixe (1000 Einw.), der nordwestlichste Ort der Algarve, ist eines der hübschesten Dörfer an der Westküste. Es liegt an der Grenze zum Alentejo, etwa 3 km vom Meer entfernt am steilen Südufer des Flusses *Ribeira de Seixe*. Über dem Ort erhebt sich die weiße **Windmühle** aus dem 19. Jh., die der Müller noch manchmal in Betrieb setzt, um Mais zu mahlen.

Der malerische **Ortskern** mit seinen engen Gassen, gesäumt von schmalen, weiß gestrichenen Häuschen, wurde in bescheidenem Maße vom alternativen Tourismus entdeckt. In der alten **Adega**, der Winzergenossenschaft, kann man zur Weinprobe einkehren oder im Herbst beim Einkeltern zusehen. Zu einem Anziehungspunkt für Einheimische und Besucher ist die Bäckerei ›Padaria de Odeceixe‹ in der Rua da Botelha geworden, die ein deutsches Ehepaar erfolgreich führt.

Zwei Straßen führen beiderseits des Flüsschens hinaus zur prächtigen **Praia da Odeceixe**, die sich trichterförmig zum Meer hin öffnet. Vor der eigentlichen Mündung beschreibt die Ribeira de Seixe eine große Schleife um den breiten Sandstrand, sodass es ein wilderes Außen- und ein ruhigeres Binnenufer gibt – ideal für Kinder. Die schmale südliche Zufahrtsstraße führt durch das mit Weinreben bestandene bukolische Flusstal und endet bei einigen Häusern und Lokalen auf der Steilküste oberhalb des Strandes.

ℹ Praktische Hinweise

Restaurant

O Retiro do Adelino, Rua Nova 20, Odeceixe, Tel. 964 68 74 00. Das einfache Restaurant-Café bietet auch einige nette Gästezimmer (Mo geschl.).

Schutz suchend schmiegt sich Odeceixe an den Hügel, nur die Windmühle trotzt den Elementen

Weiter Blick vom Gipfel des Fóia über lila blühenden Rhododendron in die Serra de Monchique

46 Serra de Monchique

Sommerfrische und Wanderparadies zwischen uralten Bäumen und einem Blütenmeer.

Die Serra de Monchique ist eine vulkanisches Bergformation, die sich etwa 30 km in West-Ost-Richtung erstreckt. Von den Gipfeln der Serra, allen voran dem *Fóia* (902 m) und dem *Picota* (774 m), überblickt man bei klarem Wetter den gesamten Küstenstreifen im Süden und Westen sowie das bewaldete Hügelland des südlichen Alentejo.

Das Berggebiet war schon im 19. Jh. eine beliebte **Sommerfrische** wohlhabender Bürger aus Faro und Portimão. Aus dieser Zeit stammen auch viele Villen inmitten von blühenden Blumen, Rhododendren, Magnolien und Mimosen,

Oleander und Jasmin. Die Gärten gehen über in uralte Olivenhaine und lichte Wälder mit Esskastanien, Platanen, Kiefern und Korkeichen, das Unterholz besteht aus wohlriechenden Baumheiden, Zistrosen, Lorbeerbüschen und Erdbeerbäumen.

Auf der Straße N 267 von Aljezur kommt man zunächst durch die Kiefern- und Eukalyptusaufforstungen der *Serra de Espinhaço de Cão*, dann geht es vorbei an den Obst- und Blumengärten des höheren Berglandes nach **Monchique** (5000 Einw.). Der Hauptort der gleichnamigen Serra liegt auf halber Höhe (458 m) an einen Berg geschmiegt, ein weißer Fleck zwischen dunklem Waldgrün. Das Leben in dem ruhigen Gebirgsdorf dreht sich um den zentralen, brunnengeschmückten Platz **Largo dos Chorões**, an dem einige Cafés und eine Aussichtsterrasse liegen. Hangaufwärts lohnt die im 15. und 16. Jh. erbaute, dreischiffige **Igreja Matriz** einen Besuch. Mit ihrem typischen, fünfzipflig auslaufenden Portalschmuck gilt sie als das besterhaltene Beispiel manuelinischer Baukunst der Algarve. Den Hauptaltar im azulejogeschmückten Inneren ziert die Marienfigur *Virgen da Conceição* aus dem 18. Jh., ein Werk Machado de Castros.

Den besten Blick auf das Labyrinth der schmalen Gassen und Dächer Monchiques hat man von den Überresten des Franziskanerklosters **Nossa Senhora do Desterro** (17. Jh.), die oberhalb des Ortes stehen. Hinter der Klosterruine beginnt

 ein Wanderpfad, der in etwa 5 Std. nach Westen auf den **Fóia** führt, den mit 902 m höchsten Gipfel der Serra de Monchique. Der Weg führt auf weiten Strecken durch schöne Eichen- und Eukalyptuswälder. Nur das letzte Stück ist schattenlos und stimmt damit auf die leider vollständig kahle Kuppe ein, die, von Sendemasten bestanden, wenig attraktiv ist. Bei klarem Wetter ist jedoch die Fernsicht beeindruckend. Im Westen und Süden kann man das Meer erahnen, im Norden dehnen sich die Hügel und Ebenen des Alentejo. Wenn die Wanderlust gerade fehlen sollte: Man erreicht den Fóia von Monchique aus auch bequem mit dem Auto, die N 265 führt auf einer Strecke von 8 km meist durch Mischwald. Und unterwegs gibt es immer wieder eindrucksvolle Aussichtspunkte.

ℹ Praktische Hinweise

Information

Posto de Turismo, Largo de São Sebastião, Monchique, Tel. 282 91 11 89, www.cm-monchique.pt

Einkaufen

Casa da Nogueira, Rua do Corro 2, Monchique, Tel. 282 91 13 77. Keramik in modernen und klassischen Formen.

Casa dos Arcos, Estrada Velha, Monchique, Tel. 282 91 10 71. Typisches Kunsthandwerk der Region, u. a. Weidenkörbe und Klappstühle aus Eschenholz nach historischem Vorbild.

Hotels

****Abrigo da Montanha**, Corte Pereiro, Monchique, Tel. 282 91 21 31, www.abrigodamontanha.com. Elegantes Hotel am Berghang mit Swimmingpool und angegliedertem Restaurant. Jedes der 14 Zimmer hat eine Terrasse mit Blick ins Tal und auf die Blumenpracht im Kameliengarten.

Minuh, Vale do Linho, Monchique (2 km außerhalb, Seitenweg der N 265 Monchique–Fóia), Tel. 282 91 14 43, www.residencia-minuh.com. Familiäres Gästehaus unter deutscher Leitung mit hübschem Garten.

Restaurants

A Charette, Rua Dr. Samora Gil 30, Monchique, Tel. 282 91 21 42. Viele der Zutaten

Eine Eselstärke ist in der Serra de Monchique oft noch völlig ausreichend

König und wohlhabendes Bürgertum suchten Heilung in Caldas de Monchique

der deftigen Gebirgsküche kommen direkt von Erzeugern aus der Umgebung. Bemerkenswerte Fleischgerichte: Schwarzes Schwein, Lamm, Zicklein – reichhaltiger Kohleintopf (cozido).

Jardim das Oliveiras, Sítio do Porto Escuro (Seitenweg der N 265 von Monchique nach Fóia), Tel. 282 91 28 74, www.jardimdasoliveiras.com. Mit erlesenen Antiquitäten eingerichtetes Haus. Die stille Terrasse geht auf einen Ölberg hinaus. An kühleren Abenden werden in den drei Gaststuben Kaminfeuer entfacht. Die Speisekarte bietet Verlockendes wie Spanferkel oder Wild.

47 Caldas de Monchique

Der historische Kurort in parkartiger Umgebung wird wieder aufpoliert.

Caldas de Monchique, 250 m über dem Meeresspiegel gelegen, erhielt seinen Namen nach den schwefel- und mineralhaltigen **Thermalquellen**. Das 32,5 °C warme Wasser soll bei Rheuma- und Atembeschwerden sowie Hautkrankheiten Linderung verschaffen. Schon die Römer kurten in *Mons Cicus* und auch die Mauren nutzten die Heilquellen. Später hoffte König João II., hier seine Stoff-

wechselerkrankung zu heilen, erlag ihr aber 1495 in Alvor. Kurbaden kann man nur vor Ort, aber ein Mineralwasser wird in Flaschen abgefüllt in ganz Portugal verkauft.

Fährt man auf der EN 266 von Monchique Richtung Küste, muss man Acht geben, um nicht an dem kleinen **Kurbad** vorbeizufahren. Denn die Gebäude stehen versteckt hinter riesigen alten Kastanien und Akazien. Üppige Gärten wuchern an den Berghängen. Der Kurkomplex steht heute als **Villa Termal das Caldas de Monchique** unter zentraler Leitung. Die eleganten Zimmer des Spa Resorts, die sich über einige liebevoll restaurierte Villen aus der Zeit um die Wende vom 19. zum 20. Jh. verteilen, versprechen einen geruhsamen Aufenthalt in himmlischer Umgebung. Seit Mitte des 20. Jh. waren die Gäste ausgeblieben, doch neuerdings laden die renovierten und modern eingerichteten Thermen wieder zum Relaxen ein. Einen Hauch vergangener Grandezza spürt man aber noch beim Flanieren am Dorfbach. Um Caldas zieht sich zudem ein Netz von **Spazierwegen**, die durch herrliche Gärten, lichte Laubwälder und über Feldterrassen führen. Beispielsweise kann man in einer guten Stunde durch den hohen Bergwald bis Monchique hinaufsteigen.

ℹ️ Praktische Hinweise

Hotel

Villa Termal das Caldas de Monchique, Caldas de Monchique, Tel. 282 91 09 10, www.monchiquetermas.com. Über fünf charmante Hotelvillen verteilen sich die geschmackvoll eingerichteten Zimmer. Zur Anlage gehören außerdem ein 1250 m² großer Spa-Bereich, das hervorragende ›Restaurante 1692‹ und die Wein- und Tapasbar ›O Tasco‹.

Restaurant

Rouxinol, EN 266 (östlich der Straße), Tel. 282 91 39 75, www.restaurantrouxinol. com. In dem gemütlichen Lokal gibt es skandinavische Speisen – von Heringsplatte bis Himbeerkuchen (Mo geschl.).

48 Silves

Alte maurische Hauptstadt mit Orangenhainen und Mandelbäumen.

Ob man sich Silves von Osten, Westen oder Süden nähert, immer fällt der Blick zunächst auf die rötlichen Mauern der alten maurischen Burg. Die Häuser der Stadt (11 000 Einw.) gruppieren sich halbmondförmig um den Burgberg am Fluss **Rio Arade**, der früher auf gut 10 km Länge von der Mündung bei Ferragudo bis hierher schiffbar war. Heute bildet Silves städtebaulich eines der schönsten Ensembles der Algarve. Außerdem locken Märkte und bodenständige Geschäfte.

Geschichte Auf dem Hügel Cerro da Rocha Branca, etwa 1 km nördlich von

Schiffe, Tauwerk und Muscheln – die Manuelinik in Portugal

Während der Regentschaft der Könige Duarte, Afonso V., João II. und Manuel I. (1433–1521) entwickelte sich in Portugal eine der ungewöhnlichsten Stilvarianten der Spätgotik und Renaissance. Die aufstrebende **Seemacht** Portugal ließ Paläste, Kirchen und Klöster voller Selbstbewusstsein besonders reich dekorieren. Königliches Wappen und Monogramm sowie Christusritterkreuz sind allgegenwärtig. Zu den immer wiederkehrenden Motiven gehören außerdem jene aus der Seefahrt, wie Karavelle,

Manuelinik vom Feinsten: Das Hauptportal der Kirche in Monchique

Tauwerk, Armillarsphäre, aber auch Anker und Knoten. Beliebt als Schmuckelemente waren Korallen und Muscheln. Rätselhafte Meerungeheuer, exotische Pflanzen, sogar ein Nashorn verweisen stolz auf die portugiesischen Entdeckungen an der afrikanischen Küste, in Indien und Südostasien. Erst im 19. Jh. wurde für diese speziell portugiesische Stilvariante der Architektur die Bezeichnung **Manuelinik** geprägt. Unter König Manuel I. erlebte Portugal das **Goldene Zeitalter**. Im 15. und 16. Jh. brachten die lusitanischen Kapitäne aus immer neuen fernen Ländern unbekannte Speisen, Gewürze, wertvolle Edelsteine, Seide, Gold sowie Sklaven mit nach Hause. Portugal wurde durch den Überseehandel reich, seiner Macht schienen keine Grenzen gesetzt. Entsprechend prachtvoll wurden die Machtzentren der Könige und Bischöfe um- und ausgebaut. So entstanden die kunst- und fantasievollen manuelinischen **Steinmetzarbeiten**, die Tore, Wände und Fassaden verzieren. Die bekanntesten Beispiele, der Hafenturm *Torre de Belém* und das Hieronymiten-Kloster Mosteiro dos Jerónimos, befinden sich in Lissabon. An der Algarve fielen fast alle Bauwerke jener Epoche dem Erdbeben von 1755 zum Opfer. Erhalten sind nur einzelne Portale oder Chorräume mit manuelinischen Elementen in Kirchen, etwa in Luz de Tavira [Nr. 13] oder in Monchique [s. S. 115].

Unter den Mauren die Perle der Algarve – und noch immer bietet Silves einen prächtigen Anblick

Silves, fand man man Reste der keltiberischen Handelssiedlung *Cilpes* aus der jüngeren Eisenzeit (ca. 500 v. Chr.). Auch die Römer ließen sich an dem geschützten **Flusshafen** mit seinen fruchtbaren Auen nieder, wovon u. a. die Fundamente der alten Brücke über den Arade zeugen. Aber seine Blütezeit erlebte der Ort ab dem 8. Jh. unter den Mauren, die **Xelb** zur Hauptstadt ihrer Provinz Al-Gharb machten. Mit 30 000 Einwohnern war die Stadt damals größer als Lissabon und galt als wichtigstes Zentrum westlich von Sevilla. Dichter, Denker, aber auch Fachleute für Bewässerung und Ackerbau waren hier zu Hause und sorgten für Kultur und einen hohen Lebensstandard.

1189 eroberte Sancho I. Xelb mithilfe von **Kreuzfahrern** aus Brabant. Das prachtvolle Erscheinungsbild der Stadt beeindruckte ihn so sehr, dass er sich von nun an ›König von Portugal, Silves und der Algarve‹ nannte. Zwei Jahre später holten sich die Mauren die Stadt zurück, bis die Santiagoordensritter unter Peres Correia 1242 sie endgültig einnahmen und das nunmehrige **Silves** gleich zum Bischofssitz erklärten.

Auch nach der Reconquista hielt die Bevölkerung noch lange an der maurischen Kultur fest. Beispielsweise beschuldigte im 14. Jh. der Bischof den Bürgermeister der Vielweiberei und predigte intensiv christliche Moral. Als Antwort

jagten die braven Leute von Silves um 1340 Bischof Alvaro Páis aus dem Land. Vom *Monte Joia* im Süden oberhalb der Stadt soll er den Ort verflucht haben. In der Tat begann damals der **Abstieg** zur Provinz, denn König Afonso IV. machte Faro 1577 zur neuen Haupt- und Bischofsstadt der Algarve. Der Arade versandete bald immer mehr und im 16. Jh. lebten nur noch 140 Familien in Silves. Nach dem Erdbeben von 1755 waren nur noch zehn Gebäude erhalten. Die mächtige Burg jedoch überdauerte die Wechselfälle der Geschichte. Im 19. Jh. wurden ihre Vierecktürme erst zu Pulverkammern, dann zu Gefängnissen umfunktioniert, was sie bis 1947 blieben.

Heute lebt Silves überwiegend vom Handel sowie vom Anbau von Zitrusfrüchten und Mandeln. Die nahen Stauseen ermöglichen eine intensive Bewässerung, sodass auf den Feldern vor der Stadt auch Tomaten, Avocados und Melonen gedeihen.

Besichtigung Nähert man sich Silves von Osten, kann man sein Auto auf einem der größeren Parkplätze an der Fábrica do Inglês abstellen. Von Süden und Westen kommend, folgt man am besten zunächst dem Fluss und umrundet dann die Stadt in Richtung Westen. Im westlichen Teil der Stadt befindet sich der Largo Mártires de Patria mit der kleinen Kir-

An die Eroberung der Festung durch König Sancho I. erinnert diese Bronzestatue

che **Capela de Nossa Senhora dos Mártires** ❶. Sie wurde im 12. Jh. erbaut und den Gefallenen der Reconquista geweiht. Obwohl sie später mehrfach umgebaut oder wieder aufgebaut wurde, enthält sie einige manuelinische Stilelemente und schöne Altäre.

Auf der Rua Dom Afonso III gelangt man vorbei an Resten des Stadtmauerrings hinauf zum **Castelo de Silves** ❷ (Tel. 282 44 56 24, Mitte Juli–Mitte Sept. tgl. 9–19, Mitte Sept.–Mitte Juli tgl. 9–17.30 Uhr). Es wird vermutet, dass an dieser Stelle bereits ein römisches *Castrum* stand. Von der maurischen Burg aus dem 9. Jh. ist ein vollständiger Außenring mit elf Türmen erhalten, der in den 1930er-Jahren restauriert wurde. Seit der Restaurierung 2009 liegt fast ein Hauch

von Tausendundeiner Nacht über der Anlage. Die zinnenbekrönten Mauern, die aus einer Mischung von Ton, Schotter, Kies und Kalk mit dem roten Sandstein der Gegend bestehen, bieten einen beeindruckenden Anblick auf der Hügelkuppe. Vor dem Eingang hält die kraftstrotzende Bronzestatue *König Sanchos I.* Wache, des ersten christlichen Eroberers der Stadt. Die Mauren waren Meister im Umgang mit Wasser. Davon zeugen im Burghof der Hundebrunnen *Poço dos Cães* und die Zisterne der Verzauberten Maurin, die riesige überwölbte *Aljibe da Moura Encantada*, die auch heute noch die Stadt mit Wasser versorgt. Vor dieser Kulisse finden an Sommerabenden häufig stimmungsvolle Konzerte statt. Vom *Laufgang* auf den Wehrmauern der Burg blickt man weit über die roten Dächer der Stadt ins Aradetal.

Neben der Burg erhebt sich die dreischiffige Kathedrale **Sé** ❸ (Mo–Fr 9–13 und 14–18, Sa 9–13 Uhr). Ihre weiße Fassade ist durch rote Pilaster und Liniendekor am wellenförmigen Volutengiebel akzentuiert, die Hauptrolle aber spielt das mächtige gotische Stufenportal mit hübschen grauen Marmorsäulen im Gewände. Die Kirche entstand im 13. Jh. nach der Reconquista über den Resten einer Moschee. Das Erdbeben von 1755 hatte dem Bau stark zugesetzt, bei Restaurierungen 1933–55 konnten die ursprünglichen gotischen Formen, etwa im Bereich von Vierung und Chor, wiederhergestellt werden. Am Rand der Chorapsis sind

Noch aus arabischer Zeit stammt der Brunnen im Archäologischen Museum

noch alte Grabplatten zu sehen, darunter diejenige für König João II. Sein Leichnam wurde hier 1495 zur letzten Ruhe gebettet, später aber ins Kloster von Batalha überführt. Ungewöhnlich ist der von der Kirche zugängliche Schneckenturm, die *Torre do Caracol.* Eine in die Kirchenwand hineingefügte Wendeltreppe führt hinauf in den Glockenturm.

Westlich der Sé steht die **Igreja de Misericórdia ➍**. Von der ursprünglich im 16. Jh. errichteten Kirche ließ das Erdbeben von 1755 nur ein manuelinisches Seitenportal übrig und im einschiffigen Inneren ein manieristische Altarretabel aus dem 17. Jh., auf dem in sieben Szenen die Werke der Barmherzigkeit dargestellt sind. Gleichfalls anrührend, wenn auch etwas naiv sind die Gemälde des Padre Gloria aus dem 19. Jh. Seine ›Heimsuchung‹ etwa schmückt den Hauptaltar.

Bergab gelangt man über die Rua da Sé zur **Praça do Municipio ➎**, an der ein großer Verteidigungsturm der alten Stadtmauer mit der *Porta de Loulé* erhalten ist. Auf dem Platz steht der aus rotem Sandstein gehauene **Pelourinho** von Silves, eine Rekonstruktion des ursprünglichen Prangers aus dem 16. Jh.

Hinter dem Stadttor fügt sich das modern konzipierte **Museu Municipal de Arqueológia ➏** (Rua das Portas de Loulé 14, Tel. 282 44 48 32, Mitte Juli–Mitte Sept. tgl. 9–19, sonst bis 17.30 Uhr) in die Häuserfront ein. In dem eher unscheinbaren Gebäude, ursprünglich ein Wohnhaus aus dem 19. Jh., wurde bei Bauarbeiten ein ungewöhnlicher

TOP TIPP

maurischer *Brunnen* (12./13. Jh.) von 20 m Tiefe entdeckt – das Glanzstück des hier ansässigen Archäologischen Museums. Im Gewände des Brunnenschachts führt eine Wendeltreppe mit Bogenöffnungen in die Tiefe. Die informative Ausstellung präsentiert weitere spannende Exponate aus der Vor- und Frühgeschichte, Römerzeit und dem Mittelalter bis aus dem 17. Jh. Man staunt über Grabstelen aus der Eisenzeit mit den ältesten Inschriften der Region, in einer noch nicht entschlüsselten Sprache, aber auch keltiberische Grabbeigaben sowie Tonarbeiten und Keramik, die südspanische und nordafrikanische Einflüsse verraten.

Verlässt man die Stadt Richtung São Bartolomeu de Messines, sieht man am Stadtrand im Schutz eines offenen Pavillons mit Säulen aus rotem Sandstein das 3 m hohe spätgotische **Cruz de Portugal ➐**. Das Kruzifix aus weißem Kalkstein zeigt auf der Vorderseite den gekreuzigten Christus, auf der Rückseite die Kreuzabnahme. Es ist das einzige Werk seiner Art an der Algarve und stammt vermutlich aus Nordportugal.

ℹ Praktische Hinweise

Information

Posto de Turismo, Estrada Nacional 124 (Parque das Merendas), Silves, Tel. 282 09 89 27, www.visitalgarve.pt

Hotels

***Colina dos Mouros**, Pocinho Santo, Silves, Tel. 282 44 04 20 www.colinahotels.

com. Modernes Hotel mit Garten und Swimmingpool am linken Aradeufer. Die meisten der 57 Zimmer bieten einen sehr schönen Blick auf Silves.

Quinta do Rio, São Estevão (Richtung São Bartolomeu de Messines), Silves, Tel. 282 44 55 28. Sechs Zimmer in familiärem Turismo-Rural-Haus in ruhiger ländlicher Umgebung.

Restaurants

Casa Velha, Rua 25 de Abril 13, Silves, Tel. 282 44 54 91. In dem populären Lokal in Sichtweite der Porta de Loulé isst man Cataplana und andere traditionelle Gerichte.

Recanto dos Mouros, Estrada do Monte Branco, Silves, Tel. 282 44 32 40, www. recantodosmouros.com. Nördlich der Burg gelegenes Ausflugslokal mit Blick auf Silves. Rustikales Gebäude mit großem Speisesaal (Mi geschl.).

49 Westliche Serra do Caldeirão

Wanderfreuden in urtümlichem Hügelland.

Von Silves führt eine kleine gewundene Straße durch Eukalyptuswald und landwirtschaftlich genutztes Gebiet nach Norden. Man kommt hier und da einmal an einem Weiler, einem Gehöft oder einem Hirten mit seiner Schaf- bzw. Ziegenherde vorbei. Siedlungen sind in den kargen Hügeln der Serra do Caldeirão selten. **São Marcos da Serra** ist ein typisches Dorf: Still und weiß liegt es an einem steilen Hang, die Kamine sind fantasievoll gestaltet. Die Alten sitzen vor den Häusern auf Bänken oder hocken in einer der Dorfkneipen. Wer wissen will, wie das einfache ländliche Leben vor dem Tourismusboom an der Küste einmal war, sollte sich hier umschauen.

Kork – ein vielseitiges Naturprodukt

150 000–200 000 t **Kork** produziert Portugal jährlich, das sind über 50 % des weltweiten Bedarfs. Korkeichen wachsen im Alentejo und an der Algarve auf ungefähr 680 000 ha. *Quercus suber*, auf Portugiesisch *Sobreiro*, ist ein immergrüner Baum, der 8–10 m hoch und bis zu 200 Jahre alt wird. Seine abgeschälte **Rinde** liefert den kaum wärmeleitenden, gut dämmenden, flexiblen und beständigen Rohstoff Kork. Sobald ein Baum etwa 20 Jahre alt ist, kann er alle 7–9 Jahre geschält werden, das Jahr wird mit weißer Farbe auf den Stämmen notiert. ›Geerntet‹ wird in den tro-

Die Kunst besteht darin, Korkeichenrinde möglichst in einem Stück abzuschälen

ckenen Monaten Mai bis September, danach hat der Stamm eine leuchtend gelbe Farbe, die schnell in Rot umschlägt. Die Rindenplatten werden gewässert und gestapelt, dann gekocht, gepresst und entweder am Stück oder zu Schrot zerkleinert weiterverarbeitet. Aus einer Tonne Rohmaterial lassen sich rund 200 kg Kork gewinnen.

Die ersten Kork verarbeitenden **Fabriken** an der Algarve entstanden im 19. Jh., zunächst zur Herstellung von Flaschenkorken und Schwimmern für Fischernetze, später wurden auch Isoliermaterial und Zigarettenfilter gefertigt. 1924 gab es allein in der Umgebung von Silves 24 derartige Unternehmen mit etwa 1000 Angestellten. Doch als der Arade zusehends versandete, zogen Korkhandel und verarbeitende Betriebe nach Lissabon um. An der Algarve ist heute São Brás del Alportel [Nr. 7] das Zentrum der Korkindustrie, die immer wieder mit Absatzproblemen zu kämpfen hat, z.B. weil Winzer auf Plastik- oder Glaskorken umsteigen. Allerlei Wissenswertes über die Gewinnung Verarbeitung und Nutzung von Kork in der Geschichte und heutzutage erfährt man entlang der 2008 eingerichteten **Rota da Cortiça** (Route des Korks, www. rotadacortica.pt).

Ein recht seltenes Bild – Pferdefuhrwerk vor der Igreja Matriz in São Bartolomeu de Messines

In der Serra do Caldeirão scheint die Zeit stehen geblieben zu sein. Die Bewohner jagen Hasen, Rebhühner oder auch mal ein Wildschwein, die Frauen bestellen ihre Gärten. Ab und zu schaut jemand nach den Bienenstöcken, alle neun Jahre werden die Korkeichen geschält. Manche Reisende schätzen die waldreiche Gegend, weil sie sich für herrliche, einsame **Wanderungen** eignet. In den aus Kalkstein bestehenden Höhenzügen gibt es einige ungesicherte Karsthöhlen, die zugänglich sind, aber nicht ohne angemessene Ausrüstung betreten werden sollten.

ℹ️ Praktische Hinweise

Restaurant

O Cantinho dos Caçadores, EN 264, Tel. 282 36 12 69. Das bodenständige Lokal ist auf Wild spezialisiert (Di geschl.).

50 São Bartolomeu de Messines

Das Städtchen mit seiner sehenswerten Kirche ist Geburtsort eines großen Dichters.

Zwischen den Berghängen der Serra de Monchique und der Serra do Caldeirão verläuft die Autobahn E 01 von der Algarve nach Lissabon. In den Orten rechts und links der Straße scheint das Leben jedoch auch weiterhin unbeeinflusst von den großen Wirtschafts- und Touristenzentren zu verlaufen. São Bartolomeu de Messines, kurz **Messines** genannt, ist eine solche Siedlung. Sie liegt in einer fruchtbaren Ebene am Fuße des nur mäßig hohen *Penedo Grande*. Im neueren Ortsteil kreuzen sich die wichtigsten Landstraßen des Algarve-Hinterlandes. Begibt man sich aber ein paar Gassen weiter, wird es ruhig und gemütlich. Den exponiertesten Platz zwischen Durchgangsstraße und altem Ortskern nimmt die **Igreja Matriz** ein, eine sorgfältig restaurierte Barockkirche, deren Ursprünge bis ins 14. Jh. zurückreichen. Die heutige Fassade stammt aus dem Jahr 1716. Das Portal flankieren zwei gedrehte Säulen, ein an der Algarve seltenes Motiv, das im Inneren der dreischiffigen Kirche die Säulen wieder aufgreifen, die die Seitenschiffe vom Hauptschiff trennen. Der lichte Raum wird von einer hölzernen Kassettendecke überfangen. An den Wänden sieht man bunte Kachelgemälde aus dem 17. Jh. mit Darstellungen von Heiligen.

Neben der Kirche befindet sich das **Museu João de Deus** (www.joaodeus. com, Mo–Fr 9.30–13 und 14.30–17 Uhr) im Geburtshaus des Dichters João de Deus (1830–1896). Seine Gedichtbände *Flores do Campo*, Blumen des Feldes (1869), und *Campo de Flores*, Feld von Blumen (1893), machten ihn bekannt. Seine pädagogisch fortschrittliche Schulfibel *Cartilha Maternal* wurde zum jahrzehntelang im ganzen Land genutzten Standardwerk und brachte ihm die Ehre ein, nach seinem Tod im Hieronymitenkloster von Belém beigesetzt zu werden.

Algarve aktuell A bis Z

Vor Reiseantritt

ADAC Info-Service:
Tel. 0800 510 11 12 (gebührenfrei)

Unter dieser Telefonnummer und bei den ADAC Geschäftsstellen können ADAC Mitglieder kostenloses Informations- und Kartenmaterial anfordern. Außerdem sind die ADAC Reiseführer *Lissabon* und *Portugal* erschienen.

ADAC im Internet:
www.adac.de,
www.adac.de/reisefuehrer

Algarve und Portugal im Internet:
www.visitalgarve.pt
www.visitportugal.com

Informationen erhält man auch beim Portugiesischen Fremdenverkehrsamt:

Deutschland/Österreich/Schweiz
Turismo de Portugal, Zimmerstr. 56, 10117 Berlin, Tel. 030/25410 60, www.visitportugal.com

Portugiesische Botschaften:
Deutschland
Embaixada de Portugal, Zimmerstr. 56, 10117 Berlin, Tel. 030/2541060, www.botschaftportugal.de

Österreich
Embaixada de Portugal, Opernring 3, 1010 Wien, Tel. 0043/(0)1/586 75 36, viena@mne.pt

Schweiz
Embaixada de Portugal, Weltpoststr. 20, 3015 Bern, Tel. 0041/(0)31/352 86 68, embassy.portugal@scber.dgaccp.pt

Allgemeine Informationen

Reisedokumente
Deutsche, Österreicher und Schweizer, auch Kinder unter 12 Jahren, benötigen einen gültigen Personalausweis oder Reisepass.

Kfz-Papiere
Wer mit dem Auto anreist, braucht einen gültigen Führerschein und die *Zulassungsbescheinigung Teil 1* (vormals Fahrzeugschein). Die Internationale Grüne Versicherungskarte ist nicht vorgeschrieben, aber im Notfall nützlich. Das EU-Kennzeichen genügt als Versicherungsnachweis. Empfohlen wird der Abschluss einer *Kurzkasko- und Insassenunfallversicherung*.

Krankenversicherung
Die *Europäische Krankenversicherungskarte* garantiert innerhalb der EU die medizinische Versorgung vor Ort. Zusätzlich empfiehlt sich der Abschluss einer *Reisekranken- und Rückholversicherung*.

Hund und Katze
Für Hunde und Katzen ist bei Reisen innerhalb der EU ein gültiger, vom Tierarzt ausgestellter EU-Heimtierausweis vorgeschrieben, ebenso Kennzeichnung des Tieres durch Mikrochip.

Zollbestimmungen
Innerhalb der EU dürfen Waren zum eigenen Verbrauch unbegrenzt mitgeführt werden. Dabei gelten folgende Richtmengen: 800 Zigaretten, 400 Zigarillos, 200 Zigarren, 1 kg Tabak, 10 kg Kaffee, 10 l Spirituosen über 22 % Alkoholgehalt, 20 l andere alkoholische Getränke bis 22 % Alkoholgehalt, 90 l Wein (davon max. 60 l Schaumwein) und 110 l Bier. Weitere Informationen unter: www.zoll.de

Bei Einreise in die Schweiz bleiben zollfrei: 200 Zigaretten oder 50 Zigarren oder 250 g Tabak, 2 l Spirituosen bis zu 15 % oder 1 l über 15 % (für Personen ab 17 Jahren), 500 kg Kaffee, 100 kg Tee, andere Waren bis zu einem Gesamtwert von 300 CHF, beschränkt ist dabei die Mitnahme von Lebensmitteln. Weitere Informationen unter: www.ezv.admin.ch.

Geld
Die gängigen *Kreditkarten* werden von allen Banken, den meisten Hotels und vielen Geschäften akzeptiert. Es gibt ein Netz von ›mehrsprachigen‹ *Geldautomaten (Multibanco)*, an denen man mit Kredit- oder Bankkarte rund um die Uhr Geld abheben kann.

Tourismusämter im Land

In allen Städten und größeren Orten der Algarve gibt es Tourismusbüros, **Posto de Turismo**, die in der Regel Mo–Sa während der normalen Geschäftszeiten geöffnet haben. Sie informieren gratis über Unterkünfte, Restaurants, Sehenswürdigkeiten, Veranstaltungen sowie über Ausflüge und geben Stadtpläne aus. Die Adressen dieser Büros sind im Haupttext unter *Praktische Hinweise* am Ende jedes Punktes angeführt. Das Büro für die gesamte Region befindet sich in Faro:

Região de Turismo do Algarve, Avenida 5 de Outubro 18, Faro, Tel. 289 80 04 00, turismodoalgarve@turismodoalgarve.pt, www.visitalgarve.pt

Notrufnummern

Notruf: Tel. 112
(EU-weit, auch mobil: Polizei, Unfallrettung, Feuerwehr)

ACP, Automóvel Club de Portugal (ADAC Partnerclub), Rua Rosa Araújo 24, Lissabon, Tel. 707 50 95 10 (24 Std.), Tel. 00 351/219 42 91 13 (aus ausländischen Mobilnetzen), www.acp.pt

ADAC Notrufstation (Barcelona): Tel. 00 34/935 08 28 08 (die Deutsch sprechenden Mitarbeiter sind auch für Portugal zuständig)

ADAC Notrufzentrale München: Tel. 00 49/89/22 22 22 (24 Std.)

ADAC Ambulanzdienst München: Tel. 00 49/89/76 76 76 (24 Std.)

ÖAMTC Schutzbrief-Nothilfe: Tel. 00 43/(0)1/251 20 00

TCS Einsatzzentrale: Tel. 00 41/588 27 22 20

Ärztliche Versorgung

Privatkliniken und Ärzte mit 24-Stunden-Service und deutsch- oder englischsprachigem Personal (Europäische Krankenversicherungskarte wird meist nicht zur Verrechnung angenommen):

Deutsches Facharztzentrum Carvoeiro, Estrada do Farol 27, Carvoeiro, Tel. 925 100 118 (Termine), www.deutsches-facharztzentrum-carvoeiro.com
Gemeinschaftspraxis Neuroloulé, Dr. Ines dos Santos Guerreiro João, Rua Marquês de Pombal, 7, Loulé, Tel. 289 422 933, Notfall-Nummer 965 343 547 (mobil), www.neuroloule.com

Dr. Christel Schlünder, Clínica da Mó, Rua Sidónio Pais, Lote 1, Portimão, Tel. 282 42 04 70. Allgemeinmedizin

Zahnärzte

Dr. Axel Geiger, Estrada do Farol 27, Carvoeiro, Tel. 282 35 03 00, Mo–Mi 9–13 und 15–19, Do 9–15, Fr 9–17 Uhr, Notruf 965 09 63 75. Gegenüber dem Markt.

Cris Piessens Dental Clinic, Rua dos Caliços, Cerro Malpique, Edificio Caliços do Mar, Albufeira, Tel. 289 589 080, www.crispiessensclinic.com
Die **Apotheken** (*Farmácias*) haben Mo–Fr 9–13 und 15–19 Uhr, Sa 9–13 Uhr geöffnet. Rotierender 24-Stunden-Notdienst in den Städten (Adressen in jeder Apotheke).

Diplomatische Vertretungen

Deutsches Honorarkonsulat, Urbanisation Infante Dom Henrique, Lote 11, 8000-490 Faro, Tel. 289 80 31 48, www.honorarkonsul-faro.de

Österreichisches Honorarkonsulat, Rua Ramalho Ortigão, Praia da Oura, 8200-604 Albufeira, Tel. 289 51 09 00, www.bmeia.gv.at

Schweizer Botschaft, Travessa do Jardim 17, 1350-185 Lissabon, Tel. 213 94 40 90, www.eda.admin.ch/lisbon

Besondere Verkehrsbestimmungen

Tempolimits (in km/h): für alle motorisierten Verkehrsteilnehmer innerorts 50. Pkw, Motorräder und Wohnmobile bis 3,5 t außerorts 90 bzw. 100 (ausgeschildert), auf Autobahnen 120. Wohnmobile über 3,5 t außerorts 80 bzw. 90, auf Autobahnen 110. Pkw mit Anhänger außerorts 70 bzw. 80, auf Autobahnen 100.

Wohnmobile und Anhänger sind bis zu 2,5 m Breite und 12 m Länge zugelassen.

Rechts hat Vorfahrt, jedoch motorisierte Fahrzeuge immer vor Radfahrern und Fuhrwerken.

Die *Promillegrenze* liegt bei 0,5.

Maut: Auf einigen Autobahnstrecken, z. B. der A 22, erfolgt die Zahlung der Mautgebühren elektronisch. Sie sind mit dem Hinweisschild »electronic toll only« gekennzeichnet. Mietwagen sind dafür mit einem speziellen Gerät ausgerüstet. Wer im eigenen Auto unterwegs ist, lässt von der Kreditkarte abbuchen (an der Grenze am Automaten registrieren lassen) oder erwirbt an der Grenze oder bei Tankstellen eine Prepaid-Karte.

Anreise

Auto

Für die rund 3000 km von Deutschland an die Algarve muss man mit dem Pkw zwei bis drei Tage Fahrzeit überwiegend auf Autobahnen und etwa 85 € Mautgebühren einkalkulieren. Je nachdem ob man von Nord- oder Süddeutschland aus startet, ist die Strecke über Paris–Bordeaux–Baskenland–Madrid–Sevilla zu empfehlen oder über Lyon–Avignon–Barcelona und von dort kostenpflichtig entlang der Mittelmeerküste. Infos unter: www.adac.de/reise-freizeit

Bahn

Die Bahnreise nach Portugal ist ein zwei- bis dreitägiges Abenteuer, das nur mit Zwischenstopps zu empfehlen ist. Die wichtigsten Umsteigestationen sind Paris und Madrid. In Paris fahren die Züge von der Gare d'Austerlitz Richtung Madrid und von dort weiter nach Lissabon zur Gare de Oriente, wo es Anschlusszüge in Richtung Algarve gibt.

Deutsche Bahn, 0180/699 66 33 (0,20 €/Anruf aus dem dt. Festnetz; max. 0,60€/Anruf aus Mobilnetzen), Tel. 08 00/150 70 90 (sprachgesteuert, gebührenfrei), www.bahn.de
Österreichische Bundesbahn, Tel. 05 17 17, www.oebb.at
Schweizerische Bundesbahnen, Tel. 09 00 30 03 00, www.sbb.ch

Bus

Fernreisebusse fahren von mehreren deutschen Städten nach Faro, beispielsweise von Hamburg in 42 oder von Köln in 36 Stunden.

Deutsche Touring GmbH, Am Römerhof 17, 60486 Frankfurt am Main, Tel. 069/790 35 01, www.eurolines.de

Flugzeug

Nonstopflüge weden von verschiedenen Flughäfen in Deutschland, Österreich und der Schweiz angeboten. Viele Chartergesellschaften fliegen den Flughafen Faro mehrmals wöchentlich an, u. a. *Air Berlin* (www.airberlin.com), *Condor* (www.condor.com) und *TUIfly* (www.tuifly.com). Die Flugzeit beträgt etwa 3 Std.

Mit *TAP Portugal* (www.flytap.com) geht es mit Umsteigen in Lissabon täglich von Düsseldorf, Frankfurt/M., Hamburg, München, Wien und Zürich nach Faro.

Der Flughafen befindet sich 8 km westlich der Stadt. Alle bekannten *Mietwagenagenturen* sind am Terminal vertreten. Etwa einmal pro Stunde verkehren Busse der Linien 14 und 16 (www.eva-bus.com) zwischen dem Flughafen und der Avenida da República in Faro. Auch *Taxis* ins Stadtzentrum sind erschwinglich

Aeroporto de Faro, Tel. 289 80 08 00, www.ana.pt

Bank, Post, Telefon

Bank

Banken sind in der Regel an Werktagen 8.30–15 Uhr geöffnet.

Post

Postämter (*Correios*, *CCT*) sind in der Regel Mo–Fr 9–18 Uhr, geöffnet Sa vormittags nur die an Flughäfen und Hauptpostämter. In kleinen Orten schließen die Postämter mittags von 12.30 bis 14 Uhr.

Telefon

Internationale Vorwahlen:
Portugal 00 351
Deutschland 00 49
Österreich 00 43
Schweiz 00 41

In Portugal sind die Rufnummern neunstellig, die Ortsvorwahlen sind integriert und werden immer mitgewählt.

In Portugal können handelsübliche **Mobiltelefone** aller deutschen Anbieter benutzt werden.

Von öffentlichen Telefonzellen (*Cabines Telefónicas*) kann man im In- und Ausland anrufen – mit Münzen oder Telefonkarten (*PT Card*). Diese erhält man in Postämtern und Geschäften, an denen ein Schild ›PT Card‹ anzeigt.

Einkaufen

Geschäftszeiten: in der Regel Mo–Fr 9–13 und 15–19, Sa 9–13 Uhr

Große Einkaufszentren öffnen tgl. meist von 9 bis 24 Uhr. Kleine Lebensmittelgeschäfte und Läden in Feriensiedlungen haben in der Regel täglich und mindestens bis 20 Uhr geöffnet.

Die Einkaufsmöglichkeiten an der Algarve sind breit gefächert, von der exklusi-

Beutel, Börsen, Brieftaschen – die Auswahl an Lederwaren ist groß

ven modernen Shopping Mall der Quinta do Lago, dem **Algarve Shopping** (tgl. 9–24 Uhr) östlich von Guia an der EN 125 oder dem **Forum Algarve** (tgl. 9–24 Uhr) bei Faro an der gleichen Straße über die gediegenen Boutiquen um Almancil oder die zahllosen Andenken- und Nippesläden in Albufeira bis zu den normalen Stadtgeschäften von Faro.

Die Preise schwanken zwischen dem portugiesischen Niveau, das etwas unter dem mitteleuropäischen liegt, und exorbitanten Auszeichnungen, die auf das exklusive Golfpublikum abgestimmt sind.

Bei Einheimischen und Touristen beliebt sind die **Märkte** (in der Regel 8–13 Uhr): samstags in Loulé [Nr. 5] und Lagos [Nr. 35], mittwochs in Quarteira [Nr. 22], jeden zweiten Samstag im Monat in Tavira [Nr. 14], jeden ersten Montag im Monat in Portimão [Nr. 32]. Man kann an jedem 1. und 4. Sonntag in Almancil [Nr. 3], an jedem 1. Sonntag in Moncarapacho [Nr. 12] sowie an vielen Donnerstagen auf dem Markt von Boliqueime einkaufen [Nr. 23].

Es gibt an der Algarve wenig Regionaltypisches, am ehesten noch *Korbwaren* und *Keramik*. Lederwaren werden in der Regel aus Marokko importiert und sind recht preisgünstig. In der Serra gibt es Kunsthandwerk aus Holz und Kork, z. B. Schnitzereien oder Puppen. Empfehlenswert und garantiert aus lokaler Produktion sind der Medronho-Schnaps (*Aguardente*) [s. S. 74] und einige Fruchtliköre.

Essen und Trinken

Die Küstenregion Algarve war lange Zeit arm und dünn besiedelt. Entsprechend einfach und ländlich ist die **ursprüngli-** che Küche. Es ist ein gewisser arabischer bzw. andalusischer Einfluss zu bemerken, den es im sonstigen Portugal nicht gibt.

Frischer Fisch aus dem Atlantik spielt eine Hauptrolle auf dem Speiseplan. Einige der Fischarten sind in Mitteleuropa gar nicht bekannt und ihre Namen kaum übersetzbar. Man sollte die Bedienung daher immer nach frischem Fisch, *Peixes frescos*, fragen. Gut ist in aller Regel auch die als Vorspeise geeignete **Fischsuppe**, *Sopa de Peixe*, während die *Caldeirada de Peixe*, ein mit verschiedenen Fisch- und Gemüsesorten zubereiteter Eintopf, eine ganze Mahlzeit ist. Weitere Spezialitäten sind große und kleine **Tintenfische** (*Polvos* und *Lulas*). Probieren sollte man auch das Nationalgericht *Bacalhau*, gepökelten **Kabeljau**. Für seine Zubereitung, heißt es, gebe es für jeden Tag des Jahres ein anderes Rezept. Die verschiedenen **Reisgerichte** mit Fisch, *Arrozes*, sind oft mit frischem Koriander gewürzt. In ganz Portugal wird das **Gebäck** der Algarve geschätzt, das den arabischen Einfluss deutlich zeigt. Aus Honig, Zucker und Mandeln entstehen z. B. die Marzipanvarianten *Morgados* und *Morgadinhos*.

Restaurants

Viele Restaurants an der Küste werden von Ausländern geführt, die die internationale Küche gut und die einheimische mit den populärsten Gerichten (*Cataplana*) abdecken. Die Speisekarten sind fast überall zwei- oder dreisprachig (auf Portugiesisch/Englisch/Deutsch). In einfachen Lokalen werden häufig große Mengen deftiger Speisen serviert, und man hat durchaus Verständnis, wenn Gäste zu einer Portion zwei Teller erbitten (»*Una dose de … com dois pratos, se faz favor.*«).

In jedem Restaurant gibt es ein **Touristenmenü** (*Ementa Turística*), das nicht identisch ist mit dem Tagesgericht (*Prato do Dia*). Es ist üblich, als *Couvert* kleine, oft abgepackte Vorspeisen wie Oliven, Käse oder Brot auf den Tisch zu stellen, die (teilweise teuer) extra berechnet werden.

Die *Churrasqueira* sind gewissermaßen **Spezialitätenrestaurants**, in der Fisch- und Fleischgerichte vom Holzkohlengrill angeboten werden, die *Marisqueira*, in der es frische Meeresfrüchte und Schalentiere gibt, und *Piri-Piri*-Lokale. Piri-Piri ist ein höllisch scharfer roter Pfeffer, den die Portugiesen aus den afrikanischen Kolonien mitgebracht haben.

Essenszeiten

Das portugiesische Frühstück, *Pequeno Almoço* (8–10 Uhr), besteht nur aus einer Tasse Kaffee und einem Stück Kuchen, *Bolo*, oder Ähnlichem. Einheimische nehmen es gerne in einer Bar ein. Hotels bieten meist ein internationales Frühstück, häufig als Büffet.

Mittagessen, *Almoço*, gibt es zwischen 12 und 15 Uhr, das Abendessen, *Jantar*, wird etwa von 20 bis 22 oder 23 Uhr serviert. Die Portugiesen essen eher spät.

Als Zwischenmahlzeit bieten alle Bars und Cafeterias zu jeder Zeit belegte Brote (*Sande*) oder Toast (*Tosta*) an. Auch Kleinigkeiten (*Petiscos*) wie knusprige Kroketten, Fischklößchen (*Bolos de Bacalhau*) oder einige Gambas sind als Snacks sehr beliebt.

Getränke

Portugal ist ein **Weinland**, das auch im Rest Europas längst von sich reden gemacht hat. Die Engländer entdeckten die Qualitäten des portugiesischen Weins schon im 18. Jh. Ihre eigenwillige Art der Haltbarmachung für den Transport nach England – dem am nordportugiesischen Fluss Douro erzeugten Rebensaft wird zu diesem Zweck Weinbrand zugesetzt – brachte den als Aperitif oder Digestif beliebten **Portwein** hervor. Die Region, in der die Reben für den Portwein angebaut werden, bringt unter der Herkunftsbezeichnung *Douro* jedoch auch ausgezeichnete weiße und rote Tafelweine hervor. Nördlich des Douro wächst der *Vinho Verde*, der weiß oder – seltener – auch rot sein kann und der sehr jung und kalt getrunken wird. Weiß ist der leichte,

Die Cataplana und andere Eintöpfe

Cataplana heißt eigentlich der authentische Kochtopf der Algarve, bestehend aus zwei eisernen oder kupfernen Schalenhälften, die durch Klemmen hermetisch geschlossen werden – ein genialer Vorgänger des modernen Druckkochtopfes. Als Fischer oder Jäger noch über längere Zeit unterwegs waren, konnten sie diese Behältnisse problemlos transportieren und bei Bedarf in ein Holzfeuer stellen. Zu Hause garte das Essen ebenfalls in der Cataplana auf glimmender Holzkohle.

Im Laufe der Zeit ging die Bezeichnung Cataplana auf die saftigen **Eintopfgerichte** über, die darin gekocht wurden und werden. Das bekannteste Gericht ist vielleicht Amêijoas na Cataplana, eine Art Muscheleintopf. Es gibt aber auch Cataplanas mit Rindfleisch (Bife) oder Thunfisch (Estopeta de Atum), mit kleinen Tintenfischen (Choquinhos) in ihrer Tinte oder mit Schinken oder Reis (Arroz de Polvo) – alle sind typische bodenständige Gerichte der Küstenbewohner. Im Binnenland wird dagegen mehr Wild, Lamm oder Schwein gegessen, von denen kleine Stücke in die Cataplana kommen. Wunderbar schmecken Rebhuhngulasch (Perdiz Estofada) oder Hammelbein (Perna de Carneiro).

Die **Zubereitung** ist immer dieselbe: Im Boden der Cataplana werden klein

Die portugiesische Küche spart nicht an kräftig-deftigen Zutaten

gehackte Zwiebeln und Knoblauch in Olivenöl angebraten, danach die anderen Zutaten – Fleisch, Fisch oder Gemüse – hinzugefügt, zusammen mit Petersilie, einem Lorbeerblatt, etwas Wein sowie bei Fisch Meerwasser. Das Ganze gart bei geschlossenem Deckel 20–30 Minuten auf dem Feuer – fertig! Die Cataplana wird immer erst im Beisein der Gäste geöffnet, und das ist stets ein kleiner Festakt.

spritzige Wein (8 % Alkoholgehalt) der ideale Tropfen zum Fisch.

Die besten Weine Portugals wachsen in der Umgebung von Viseu am Rio Dão. Dort lagern und reifen sie in Fässern. Die roten **Dãoweine** erreichen Burgunderqualität, die weißen sind fruchtig, trocken und von einer zarten Zitronenfarbe. Das Anbaugebiet wurde bereits 1904 festgelegt und kann auf eine lange Tradition zurückblicken. Gute **Tafelweine** gibt es auch im Alentejo.

Trinkgeld

Die Rechnung wird in der Regel auf einem Teller gebracht, auf den man das Geld zum Bezahlen legt und auf dem man auch das Wechselgeld zurückbekommt. Die Bedienung ist immer im Rechnungsbetrag eingeschlossen, aber ein Trinkgeld (5–10 % der Endsumme) wird erwartet. Man lässt es einfach auf dem Teller liegen.

Feiertage

1. Januar: Neujahr *(Ano Novo)*, März/April: Karfreitag *(Sexta-feira Santa)*, 25. April: Jahrestag der Nelkenrevolution 1974 *(Dia da Liberdade)*, 1. Mai: Tag der Arbeit *(Dia do trabalho)*, 10. Juni: Todestag von Luís de Camões *(Dia de Portugal)*, 15. August: Mariä Himmelfahrt *(Asunçao)*, 5. Oktober: Ausrufung der Republik 1910 *(Dia da República)*, 1. November: Allerheiligen *(Todos os Santos)*, 8. Dezember: Mariä Empfängnis *(Imaculada Conceição)*, 25. Dezember: Weihnachten *(Natal)*.

Fruchtig fein – Algarvewein

Die südliche Lage der Algarve, die zudem durch Berge vor den kalten Nordwinden geschützt ist, und die halbmondförmig hinter Kaps zurückgezogene Küste begünstigen ein mediterranes Klima mit hohen Temperaturen, geringer Luftfeuchtigkeit und wenig Wind – ideal für den Weinanbau, der hier bereits seit dem 13. Jh. Tradition

Produziert in Portugal, beliebt in der Welt

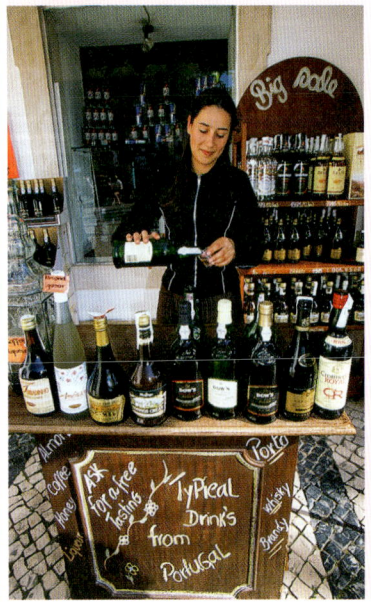

hat. Das **Weinanbaugebiet** Algarve besteht aus den vier Subregionen Lagoa, Lagos, Portimão und Tavira. Auf insgesamt etwa 5500 ha werden die Rebsorten Crato Mole, Crato Preto, Monvedro, Bastardinho sowie die aus Madeira stammenden Negra Mole und Periquita angebaut. Dies sind fast ausschließlich **Rotweine** mit hohem Alkoholgrad und feiner Säure. Die wenigen **Weißweine** von den Rebsorten Boal, Crato Branco und Moscatel sind kräftige Tropfen mit geringem Säuregehalt. Sie passen hervorragend zu jedem Fisch- oder Meeresfrüchtegericht.

Die Beschaffenheit der Böden und die geringen Temperaturschwankungen in Verbindung mit über 3000 Stunden Sonnenschein im Jahr bilden ideale Voraussetzungen für Weine hoher Qualität. Die besten Tropfen stammen aus den Kooperativen von Lagoa und Tavira. Die Marke **Algar Seco** aus Lagoa wird in vielen Restaurants der Algarve kredenzt. Der **Algar Doce** ist ein süßer Aperitif- oder Dessertwein, der sich großer Beliebtheit erfreut.

Aus den Rückständen beim Prozess des Kelterns, dem Trester, wird der ölige **Aguardente** gebrannt, der dem italienischen Grappa ähnlich ist. Ausgesprochen typisch für die Algarve ist der **Aguardente de Medronho**, der Schnaps aus den Früchten des Erdbeerbaumes [s. S. 74].

Wärend der Faschingsdienstag (*Terça-feira de Carnaval*) meist inoffiziell gefeiert wird, wurden andere Feiertage wegen der portugiesischen Haushaltskrise abgeschafft (Juni: Fronleichnam *(Corpo de Deus)*, 15. August: Mariä Himmelfahrt *(Assunção)*, 5. Oktober: Ausrufung der Republik 1910 *(Dia da República)*, 1. Dezember: Befreiung von der spanischen Fremdherrschaft/ Unabhängigkeitstag *(Dia da Restauração))*

Darüber hinaus hat jeder Ort einen eigenen Feiertag (*Dia do Município*), der in der Regel dem oder der Stadtheiligen geweiht ist. Zu diesem Anlass werden zahlreiche Wallfahrten, Kirchweihen und Prozessionen feierlich begangen.

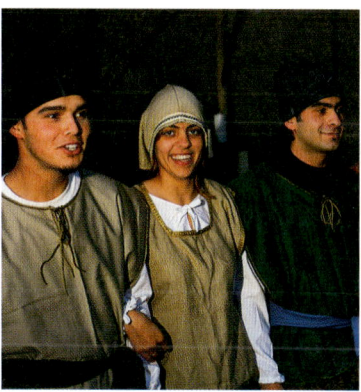

Festtagsfreude in historischen Gewändern

Festivals und Events

Februar

Loulé: Den ganzen Monat über herrscht beim *Carnaval* buntes Treiben, dessen Höhepunkt ein farbenfroher Umzug ist, der alljährlich unter dem Motto eines aktuellen Themas aus der Politik steht (www.ccloule.com).

April und Mai

Ostern: An vielen Orte der Algarve finden prachtvolle Prozessionen statt.

Loulé (2. Sonntag nach Ostern): Die Wallfahrt *Mãe Soberana* wird mit einer Prozession zur Kapelle Nossa Senhora da Piedade begangen, gefolgt von einem ausgelassenen Tanzvergnügen in den Straßen der Stadt.

Mai

Alte (1. Mai): Zur *Festa da Fonte Grande* putzt sich das Dorf mit prachtvollem Blumenschmuck heraus. Zeitgleich findet das Wurstfest *Festa dos Chouriços* statt.

Estói (1.–3. Mai): Höhepunkt des fröhlichen Pinienfestes *Festa do Pinheiro* ist stets der palmengeschmückte Festumzug.

Salir (2. Woche): Die *Festa das Espigas*, das Getreidefest, wird mit Prozession sowie reichlich Essen und Trinken gefeiert.

Juni

Wie in ganz Portugal werden auch in vielen Orten der Algarve Feste zu Ehren der *Santos Populares* gefeiert, der Volksheiligen São Gonçalo (3. Juni), Santo António (13. Juni), São João (23./24. Juni) und São Pedro (28./29. Juni, z. B. in **Vaqueiros**).

Alcoutim (Wochenende Mitte Juni): Die Kunsthandwerksmesse *Feira do Artesanato* bietet Gelegenheit zum Schauen und Kaufen.

Juli

Faro (16. Juli): Die volksfestartige *Festa do Carmo* ist Anziehungspunkt für Einheimische und Gäste.

Loulé (letzte zwei Juliwochen): Das *Festival Internacional de Jazz de Loulé* führt weltberühmte Jazzmusiker ins Convento do Espírito Santo (www.ccloule.com).

August

Faro: Beim Folklorefestival *Folkfaro – Folclore Internacional Cidade de Faro* musizieren und tanzen Gäste aus aller Welt (www.folkfaro.com).

Olhão (Mitte August)**:** Das Meeresfrüchte-Festival *Festival do Marisco* spiegelt die Bedeutung des Fischfangs für die Stadt wider (www.festivaldomarisco.com).

Armação de Pêra (12. August): Populäre Wallfahrt zur Kapelle *Nossa Senhora da Rocha* 2 km vor den Toren der Stadt.

Castro Marim (Ende August): Die Mittelaltertage *Dias medievais* bringen Leben in die Burg, mit Ritterturnieren, Festgelagen, Straßentheater, Handwerks- und Krämermarkt.

September

Alcoutim (2. Woche): Die *Festa de Alcoutim* ist ein ausgelassenes Volksfest mit viel Musik.

Oktober

Faro (10. Oktober): Zur *Feira de Santa Iría*, dem Fest der Stadtheiligen, gehört ein einwöchiger Jahrmarkt.

■ Klima und Reisezeit

Die Algarve bietet die meisten Sonnenstunden Europas, nämlich durchschnittlich über 3000 im Jahr, und zu jeder Jahreszeit ein angenehmes Reiseklima.

Im Sommer kann das Thermometer zur Mittagszeit weit über 30 °C erreichen und sinkt selbst im Winter tagsüber selten unter 15 °C. Von Oktober bis Februar kann es zu regnerischen Tagen kommen, was die Bewohner der Algarve mit Freude begrüßen. Nach den Schauern färbt sich das ganze Land grün, Wildblumen und Mandelbäume beginnen zu blühen. Dezember und Januar gleichen dem deutschen Vorfrühling.

Klimadaten Faro

Monat	Luft (°C) min./max.	Wasser (°C)	Sonnen- std./Tag	Regen- tage
Januar	7/16	14	6	5
Februar	8/17	14	6	4
März	8/18	15	7	6
April	10/20	16	9	4
Mai	12/22	16	10	1
Juni	15/25	18	11	0
Juli	17/28	19	12	0
August	18/29	20	11	0
September	17/27	21	9	1
Oktober	14/23	19	8	2
November	11/20	18	6	5
Dezember	9/17	16	5	5

■ Nachtleben

Die milden Nächte der Algarve sind eine unwiderstehliche Verlockung, die Abende im **Freien** zu genießen. Man sitzt auf den zahllosen Terrassen der Fußgängerzonen und Hafenpromenaden, vor Restaurants, Bars, Kneipen, Strandlokalen und Hotels, tummelt sich in Freiluftdiskotheken oder genießt bei einem Gläschen Wein den Ausblick von einer Dachterrasse aufs Meer. Das lebendigste Nachtleben konzentriert sich in Albufeira und Carvoeiro, wo Musik, Tanz und gute Laune bis 4 oder 6 Uhr morgens keine Seltenheit sind. **Kasinos** gibt es in Monte Gordo, Vilamoura und Alvor. Die Adressen sind im Haupttext unter *Praktische Hinweise* zu finden.

Hotels und Ferienorte bieten oft spezielle **Folklore-Veranstaltungen**, zu denen meist Tanzvorführungen bäuerlicher Folkloregruppen sowie **Fado-Events** ge-hören. Der Fado (Schicksal) ist eine portugiesische Gesangsform, in der sich Fernweh, Melancholie und Weltschmerz ausdrücken, ein Zustand, der auch mit dem Begriff *Saudade* (Sehnsucht) zusammengefasst wird. Die gefühlsbetonten Lieder erzählen von Lebenstragödien, Abschied und Schmerz. Als große alte Dame des Fado galt Amália Rodrigues (1920–99), andere berühmte Interpreten sind Mísia, Dulce Pontes, Mariza oder auch die Band Madredeus.

Große Konzertsäle, nicht nur für Fado-Vorführungen, gibt es in **Portimão** (Antiga Lota, Salão Nobre da Camara Municipal), **Lagoa** (Capela do Convento de S. José), **Lagos** (Centro Cultural), **Faro** (Conservatório Regional do Algarve), **Albufeira** (Auditorio Municipal) und **Tavira** (Igreja da Misericórdia).

■ Sport

An der Algarve lassen sich alle erdenklichen Sportarten betreiben, aber Golf und Wassersport sind eindeutig die Favoriten.

Golf

Rund 40 große und kleinere Golfplätze gibt es an der Algarve, von denen die meisten auch von Nichtmitgliedern besucht werden können. Die beste Zeit zum Golfspielen ist im Spätherbst, vor der ersten Regenperiode, und dann wieder im Frühjahr. Einige Hotels und Ferienanlagen, wie das **Penina Hotel & Golf Resort** in Alvor oder **Quinta do Lago** und **Vale do Lobo Resort**, haben eigene Greens und sind fast ausschließlich auf Golftourismus ausgerichtet.

Infos: www.portugalgolf.de

Radfahren

Die Algarve ist kein ideales Ziel für Rennrad- und Mountainbikefahrer, dazu ist der Autoverkehr in den Tourismusregionen entlang der Küste in der Regel zu dicht. Zudem fehlen markierte Fahrradwege. Im bergigen Hinterland der West- und Ostalgarve, etwa in der **Serra de Monchique** oder der **Serra de Tavira**, finden zumindest Mountainbiker interessante Trails. Infos:

bikeiberia, Largo Corpo Santo 5, 1200-129 Lissabon, Tel. 213 47 03 47, www.bikeiberia.com

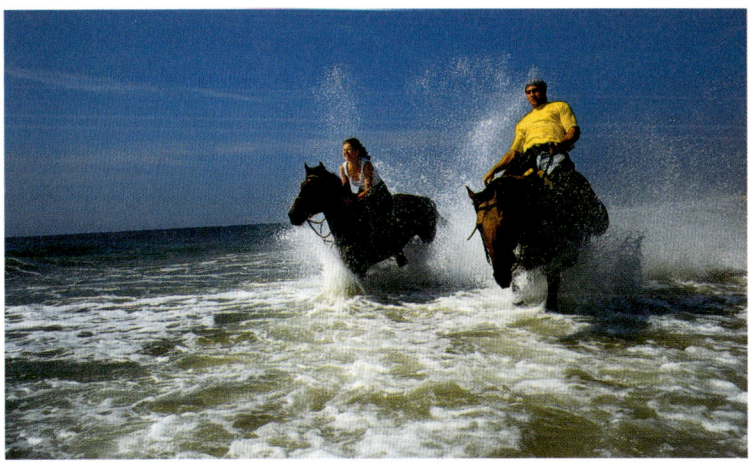

Ausritte am Atlantik: hinein ins Vergnügen

Reiten

Eine Vielzahl von Reiterhöfen bietet Unterrichtsstunden und Ausritte an den Stränden entlang oder ins Hinterland. Eine Auswahl findet sich im Hauptteil unter *Praktische Hinweise*.

Infos: www.algarvehorseriding.com www.pferdreiter.de/portugal

Wandern

Es gibt wenig ausgewiesene Wanderwege, dazu gehört der Weg *Via Algarviana* (www.viaalgarviana.org) über 14 Tagesetappen und 300 km durch das Landesinnere der Algarve, von Alcoutim an der spanischen Grenze über die Serra de Caldereirão bis nach Cabo São Vicente am Atlantik. Auch sonst gibt es viele Möglichkeiten, die Region zu Fuß zu erschließen. Landschaftlich besonders reizvoll sind Spaziergänge und Wanderungen an den Steilküsten der Felsalgarve und in der Serra de Monchique.

Wassersport

Viele Besucher halten die **Strände** der Algarve für die schönsten Europas, jedenfalls für die vielfältigsten. An der Ostalgarve, dem *Sotavento*, herrschen flache Sandstrände mit Dünen und Sandbänken vor, am *Barlovento* im Westen Steilküsten mit von Felsen eingerahmten Sandbuchten. An der *Costa Vicentina* gibt es zwischen Felsen und Steinen Strände mit sehr feinem Sand. Insgesamt sind an der Algarve mehr als 100 Strände namentlich ausgewiesen.

Zwischen Mai und Oktober kann man im **Atlantik** angenehm baden, die Wassertemperatur erreicht bis zu 21 °C. Bestätigt durch die *Blaue Fahne* der EU ist die **Qualität** des Wassers und die Sauberkeit der Strände fast überall überdurchschnittlich. An der Zentralalgarve sind die meisten Strände tagsüber überwacht. Eine *grüne Flagge* bedeutet, dass man unbedenklich Baden kann, eine *gelbe* warnt vor weitem Hinausschwimmen, eine *rote* signalisiert Gefahr und rät ganz vom Baden ab.

An allen touristisch erschlossenen Stränden wird Ausrüstung für Wassersport (Wasserski, Boote, Surfbretter etc.) verliehen. Die Felsalgarve bietet zudem Möglichkeiten zum **Tauchen** und **Schnorcheln** sowie eine ganze Reihe entsprechender Schulen. An der Costa Vicentina ist das **Wellen- und Bodysurfen** recht populär.

Segeln

Der erste **Sporthafen** der Algarve wurde in den 1960er-Jahren bei Vilamoura angelegt. Inzwischen haben alle größeren Orte nachgezogen. In beinahe jedem dieser Häfen kann man auch Boote mieten und **Tagesausflüge** auf Segel- oder Motorbooten buchen; entsprechende Adressen sind im Haupttext unter *Praktische Hinweise* vermerkt. Bei Touren entlang der Felsenküste zu Grotten oder malerischen einsamen Buchten kommen Sportfischer ebenso auf ihre Kosten wie Naturfreunde, Sonnenanbeter oder Fotografen.

Statistik

Lage: Die Region Algarve, administrativ mit einem Bundesland zu vergleichen, nimmt den gesamten Süden Portugals ein. Im Osten wird sie vom Rio Guadiana begrenzt, der gleichzeitig Grenzfluss zum spanischen Andalusien ist. Im Norden schließt sich jenseits der beiden Bergketten Serra de Monchique und Serra do Caldeirão das Alentejo an.

Fläche: Die Algarve erstreckt sich über etwa 5400 km². Ihre West-Ost-Ausdehnung beträgt 150 km, die von Süden nach Norden maximal 40 km. Die im Westen zerklüftete, im Osten sandige Küste ist etwa 200 km lang.

Einwohner: Die rund 450 000 Einwohner der Algarve entsprechen etwa 4,2 % der Bevölkerung Portugals.

Bevölkerungsdichte: 83 Einw./km²

Religion: Die Bevölkerung besteht zu 95 % aus Katholiken.

Verwaltung: Die Algarve ist eine von sieben portugiesischen Regionen, von denen fünf auf dem Festland und zwei autonome auf Inseln liegen. Die *Região do Algarve* ist deckungsgleich mit dem Distrikt Faro, der in 16 Kreise, *Municípios*, eingeteilt ist, die insgesamt 84 Gemeinden, *Freguesías*, umfassen.

Hauptstadt: Hauptstadt der Algarve ist Faro.

Wirtschaft: 8 % der Erwerbstätigen sind in der Land- und Forstwirtschaft, inklusive der Fischerei, beschäftigt, 15 % in der Industrie und Bauwirtschaft, 77 % im tertiären Sektor (Verwaltung, Wissenschaft, Handel und Dienstleistungen). Die Arbeitslosigkeit der Algarve ist die höchste in Portugal und liegt bei 18 %.

Unterkunft

Camping

Es gibt an der Algarve ca. 20 registrierte Campingplätze (www.roteiro-campista.pt). Die meisten sind im Hauptteil bei den jeweiligen Orten unter *Praktische Hinweise* aufgeführt. Die wichtigste Dachorganisation der portugiesischen Campingplatzbetreiber heißt *Orbitur* (www.orbitur.com), deren Plätze von guter Qualität, aber auch teuer sind.

Wildes Campen ist inzwischen fast überall verboten, Campingmobile werden an Ortsrändern und Steilküsten teilweise geduldet. Rigide wird gegen wildes Campen mit Zelt oder Wohnmobil an den Stränden vorgegangen.

Eine Auswahl geprüfter Plätze bieten der jährlich erscheinende **ADAC Campingführer** sowie der **ADAC Stellplatzführer** (adac.de/campingfuehrer). Die Inhalte gibt es auch als App für iPhone, iPad und Android-Geräte in den Appstores von Apple und Google.

Hotels

Hotels sind offiziell mit Sternen klassifiziert; von * für einfach bis zu ***** für Luxus. Noble Landhotels heißen **Estalagem**. Die gängigste Form der Ferienunterbringung ist das **Aparthotel**, oft auch als Feriendorf (*Aldeamento Turístico*) mit Bungalows oder Apartments angelegt. Die Abkürzungen T0, T1, T2 etc. charakterisieren den Zuschnitt, wobei T0 für ein Einzimmerapartment mit integrierter Kochnische und kleinem Bad steht, T1 weist ein zusätzliches Schlafzimmer auf, T2 zwei Schlafzimmer etc. Außerhalb der Saison werden diese Apartments oft sehr günstig angeboten.

Jugendherbergen

An der Algarve gibt es Jugendherbergen in Lagos, Portimão, Arrifana-Aljezur, Faro, Tavira und Alcoutim. Es besteht keine Altersbegrenzung, aber man braucht einen Ausweis, den man jedoch in jeder Herberge oder bereits vor Reiseantritt erwerben kann. Infos:

Deutsches Jugendherbergswerk, DJH Service GmbH, Bismarckstr. 8, 32756 Detmold, Tel. 052 31/740 10, www.jugendherberge.de

Pensionen

Pensões (Einzahl Pensão) sind einfache Unterkünfte. Sie sind nicht mit Sternen klassifiziert, sondern nach Kategorien (1 bis 3). Meist wird dort nur Frühstück serviert. **Albergarias** nennt man gehobenere Pensionen bzw. Landgasthöfe.

Pousadas

Pousadas sind Luxushotels, die überwiegend in historischen Bauten eingerichtet wurden. Meist wird hohe Qualität zu dementsprechenden Preisen geboten. Neben den üblichen Angeboten lockt ein Golden-Age-Programm für Gäste ab 55 Jahren mit ordentlichen Rabatten. An der Algarve gibt es die drei empfehlenswerten Pousadas in Tavira, Sagres und Estoi. Alle sind sehr schön gelegen. Weitere Informationen und Reservierungen:

Pousadas de Portugal, Rua Soares de Passos 3, 1300-314 Lisboa, Tel. 218 44 20 00, www.pousadas.pt

Privatzimmer

Schilder mit der Aufschrift **Camas**, **Cuartos** oder **Dormidas** weisen auf Privatquartiere hin, die preiswerteste Form der Unterbringung und nicht immer die schlechteste. In den Tourismusbüros bekommt man – manchmal erst nach einigem Insistieren – in der Regel Adressen von privaten Zimmer- oder Wohnungsvermietern.

Turismo Rural

Bei *Turismo rural* (TR) oder *Turismo no Espaço Rural* (TER) handelt sich um Übernachtungsmöglichkeiten auf meist ländlichen Anwesen und in schöner landschaftlicher Umgebung. Oft gehören Garten und Swimmingpool sowie verschiedene Freizeitangebote wie Fahrradverleih, Reiten oder dergleichen mehr dazu. Die wenigen Zimmer sind in aller Regel komfortabel eingerichtet, es gibt viele Beschäftigungsmöglichkeiten für Kinder und gemütliche Gemeinschaftsräume. Allerdings liegen die meisten Häuser etwas außerhalb der Orte, sodass die Anfahrt mit dem Auto ratsam ist.

◼ Verkehrsmittel im Land

Bahn

Reisen mit der Bahn ist in Portugal ein relativ günstiges Vergnügen, teilweise aber auch ein langwieriges Unterfangen. Die einzige Bahnlinie der Algarve führt von Lagos nach Vila Real de Santo António. Die Züge halten unterwegs an etwa 50 Haltestellen. Die Bahnhöfe von Tavira, Faro, Portimão und Lagos liegen relativ günstig in Nähe zum Stadtzentrum. Von Faro verkehren fünf Mal am Tag Züge in die portugiesische Hauptstadt Lissabon, für die einfache Fahrt sollte man allerdings rund 3 Stunden Zeit einkalkulieren. Weitere Informationen:

Comboios de Portugal (CP), Tel. 808 20 82 08 (im Land), Tel. 0351/707 20 12 80 (vom Ausland), www.cp.pt

Bus

Die Algarve verfügt über ein gutes Busnetz, vor allem entlang der Küste, aber auch mit Verbindungen ins Hinterland und nach Nordportugal. Fahrpläne stehen auf den jeweiligen Websites. Man bekommt sie aber auch in Tourismusbüros und an Busbahnhöfen, wobei immer mit Abweichungen gerechnet werden muss. Normalerweise löst man Fahrkarten beim Fahrer, für Langstrecken sollte man sie sich jedoch vorher am Busbahnhof, in einem Reisebüro oder im Internet besorgen.

Rodoviaria Nacional (RN), Lisboa, Tel. 707 22 33 44, www.rede-expressos.pt. Nah- und Fernverkehr von/nach Lissabon, Porto und anderen Großstädten.

EVA Transportes SA, Av. da República 5, Faro, Tel. 289 89 97 60, www.eva-bus.com. Busverbindungen entlang der Küste zwischen Vila Real de Santo António und Aljezur.

Frota Azul Algarve, Caldeira do Moinho, Portimão, Tel. 282 40 06 10, www.frotazul-algarve.pt. Die Busse verkehren um Portimão, Lagos, Lagoa und Albufeira.

Mietwagen

Am Flughafen von Faro, in großen Hotels und in fast allen touristisch relevanten Orten gibt es Niederlassungen internationaler und regionaler Mietwagenagenturen. Während die kleinen Firmen preiswerter sind, wenn man ein Auto vor Ort mietet, bieten die großen Gesellschaften bei Buchungen von zu Hause aus über ein Reisebüro oder online oft die günstigsten Konditionen. Der Fahrer eines Mietwagens muss älter als 21 Jahre (z.T. über 23 Jahre) und seit mind. einem Jahr im Besitz eines Führerscheins sein.

Für Mitglieder bietet die **ADAC Autovermietung** günstige Bedingungen an. Buchungen über die ADAC Geschäftsstellen, im Internet (www.adac.de/auto vermietung) oder unter Tel. 089/76 76 20 99.

Taxi

Taxis müssen Gebührenzähler haben und die aktuellen Tarife in Portugiesisch und Englisch aushängen. Für Gepäckstücke werden Aufschläge erhoben, Gepäck über 30 kg kostet nochmals extra. Zwischen 22 und 6 Uhr gibt es einen Nachtaufschlag von 20 %. Ein Trinkgeld von etwa 10 % ist üblich.

Sprachführer
Portugiesisch für die Reise

▣ Das Wichtigste in Kürze

Ja/Nein	*Sim/Não*
Bitte/Danke	*Por favor/*
	Obrigado
In Ordnung!/	*Está bem!/*
Einverstanden!	*De acordo!*
Entschuldigung!	*Desculpe!*
Wie bitte?	*Como?*
Ich verstehe Sie nicht.	*Não compreendo.*
Ich spreche nur wenig	*Falo apenas um pouco*
Portugiesisch.	*de português.*
Können Sie mir helfen?	*Poderia ajudar-me?*
Das gefällt mir (nicht).	*(Não) gosto disso.*
Ich möchte …	*Queria …*
Haben Sie …?	*Tem …?*
Gibt es …?	*Há …?*
Wie viel kostet das?	*Quanto custa (é) isso?*
Kann ich mit Kredit-	*Posso pagar com*
karte bezahlen?	*cartão de crédito?*
Wie viel Uhr ist es?	*Que horas são?*
Guten Morgen!	*Bom dia!*
Guten Tag!	*Boa tarde!*
Guten Abend!/	*Boa noite!*
Gute Nacht!	
Hallo!	*Olá!*
Wie ist Ihr Name?	*Como se chama?*
Mein Name ist …	*O meu nome é/*
	Chamo-me …
Ich bin Deutsche(r)	*Sou alemão/alemã.*
Ich komme aus	*Venho da Alemanha.*
Deutschland.	
Wie geht es Ihnen?	*Como vai?*

Auf Wiedersehen!	*Adeus!*
Tschüss!	*Tchau!*
Bis bald!	*Até logo!*
Bis morgen!	*Até amanhã!*
gestern/heute/	*ontem/hoje/*
morgen	*amanhã*
am Vormittag/	*de manhã/*
am Nachmittag	*de tarde*
am Abend/	*à tardinha/*
in der Nacht	*à noite*
um 1 Uhr/2 Uhr …	*à uma hora/*
	às duas horas …
um Viertel vor …	*às quinze para a(s) …*
um Viertel nach …	*à(s)….e quinze*
um … Uhr 30	*à(s) ….e meia*
Minute(n)/Stunde(n)	*minuto(s)/hora(s)*
Tag(e)/Woche(n)	*dia(s)/semana(s)*
Monat(e)/Jahr(e)	*mês (meses)/ano(s)*

▣ Wochentage

Montag	*segunda-feira*
Dienstag	*terça-feira*
Mittwoch	*quarta-feira*
Donnerstag	*quinta-feira*
Freitag	*sexta-feira*
Samstag	*sábado*
Sonntag	*domingo*

▣ Monate

Januar	*Janeiro*
Februar	*Fevereiro*
März	*Março*
April	*Abril*
Mai	*Maio*
Juni	*Junho*
Juli	*Julho*
August	*Agosto*
September	*Setembro*
Oktober	*Outubro*
November	*Novembro*
Dezember	*Dezembro*

▣ Zahlen

0	*zero*	20	*vinte*
1	*um, uma*	21	*vinte e um(a)*
2	*dois, duas*	22	*vinte e dois*
3	*três*		*(duas)*
4	*quatro*	30	*trinta*
5	*cinco*	40	*quarenta*
6	*seis*	50	*cinquenta*
7	*sete*	60	*sessenta*
8	*oito*	70	*setenta*
9	*nove*	80	*oitenta*
10	*dez*	90	*noventa*
11	*onze*	100	*cem*
12	*doze*	101	*cento e um(a)*
13	*treze*	200	*duzentos*
14	*catorze*	1000	*mil*
15	*quinze*	2000	*dois mil*
16	*dezasseis*	10 000	*dez mil*
17	*dezassete*	1 000 000	*um milhão*
18	*dezoito*	¼	*um quarto*
19	*dezanove*	½	*meio, meia*

▣ Maße

Kilometer	*quilómetro(s)*
Meter	*metro(s)*
Zentimeter	*centímetro(s)*
Kilogramm	*quilo(s)*
Pfund	*libra(s)*
Gramm	*grama(s)*
Liter	*litro(s)*

Unterwegs

Nord/Süd/West/Ost	Norte/Sul/Oeste/Este
oben/unten	em cima/em baixo
geöffnet/geschlossen	aberto/fechado
geradeaus	a direito (em frente)
links/rechts	à esquerda/à direita
zurück	para trás
nah/weit	perto/longe
Wie weit ist das?	Qual é a distância?
Wo ist die Toilette?	Onde é o quarto de banho (toilet)?
Wo ist die (der) nächste Telefonzelle/ Bank/Polizei/ Geldautomat?	Onde é o telefone público/o banco/ o posto de polícia/ a caixa mulitbanco/ mais próximo(- a)
Wo ist … der Bahnhof/	Onde é (fica) … a estação de cami- nhos de ferro/
der Busbahnhof/	a estação rodoviária/
der Fährhafen/ der Flughafen?	o cais de ferryboats/ o aeroporto?
Wo ist … eine Bäckerei/ ein Kaufhaus/ einen Supermarkt der Markt?	Onde é (fica) … uma padaria / um armazém/ um supermercado/ o mercado/a feira?
Ist das die Straße nach …?	Esta é a rua/estrada para …?
Ich möchte … mit dem Zug/ dem Schiff/ der Fähre/ dem Flugzeug nach … fahren.	Quero ir … de comboio/ de navio/ de ferry-boat de avião para …
Gilt dieser Preis für Hin- und Rückfahrt?	Este preço corresponde a ida e volta?
Wo ist … das Toursimusbüro/	Onde é … o posto de informa- ção turística/
ein Reisebüro?	uma agência de viagens?
Ich benötige eine Hotelunterkunft.	Estou à procura de um hotel.
Wo kann ich mein Gepäck lassen?	Onde posso deixar a minha bagagem?

Notfälle

Ich möchte eine Anzeige erstatten.	Quero apresentar uma queixa.
Man hat mir … Geld/ die Tasche/ die Papiere/	Roubaram … o meu dinheiro / a minha bolsa/ os meus documen- tos/
die Schlüssel/ den Fotoapparat/	as minhas chaves/ a minha máquina fotográfica/
den Koffer/ das Fahrrad gestohlen.	a minha mala/ a minha bicicleta.
Verständigen Sie bitte das Deutsche Konsulat.	Informar por favor o Consulado Alemão.

Freizeit

Ich möchte ein … Fahrrad/ Mountainbike/ Motorrad/ Surfbrett/	Queria alugar … uma bicicleta/ uma BTT/ uma moto/ uma prancha de surf/
Boot mieten.	um barco.
Gibt es … einen Freizeitpark/	Há por perto … um parque de diversões/
ein Freibad/ einen Golfplatz in der Nähe?	uma piscina pública/ um campo de golfe?
Wo ist die nächste Bademöglichkeit/ der nächste Strand?	Onde é a zona de banho/ a praia mais próxima?
Wann hat … geöffnet?	Quando abre …?

Hinweise zur Aussprache

Im Portugiesischen werden Vokale vor Kon-
sonanten meist nasaliert. Bei Doppellauten
werden immer beide Vokale gesprochen,
wobei der erste stärker betont wird (meu
pai = m é u p á i, mein Vater). Die Betonung
liegt meist auf der vorletzten Silbe, ansonsten liegt sie auf dem Akzent.

ã, õ	wie ›ang, ong‹, Bsp.: São
c	vor ›e, i‹ wie scharfes ›s‹, Bsp.: cerveja vor ›a, o‹ wie ›k‹, Bsp.: faca
ch	wie ›sch‹, Bsp.: duche
ç	wie scharfes ›s‹, Bsp.: preço
ção	wie ›saong‹, Bsp.: estação
é	wie lang gezogenes ›äh‹, Bsp.: crédito
g	vor ›a, o,u‹ wie ›g‹, Bsp.: gasolina vor ›e, i‹ wie weiches ›g‹ (Rage), Bsp.: longe
h	am Wortanfang stumm
j	wie weiches ›g‹(Rage), Bsp.: hoje
nh	wie lang gezogenes ›nj‹, Bsp.: dinheiro
o	am Wortende als kurzes ›u‹, Bsp.: zero
qu	vor ›e, i‹ wie ›k‹, Bsp.: quero, quilo vor ›a, o‹ wie ›kw‹, Bsp.: quarto
x	wie ›sch‹, Bsp.: queixa
z	wie ›sch‹ am Wortende, Bsp.: faz favor sonst wie ›s‹, Bsp.: onze

Bank, Post, Telefon

Brauchen Sie …
meinen Ausweis/

meinen Pass?
Wie lautet die
  Vorwahl für …?
Wo gibt es …
  Telefonkarten/
  Briefmarken?

Precisa …
  do meu documento
  de identificação/
  do meu passaporte?
Qual é o indicativo
  telefónico de …?
Onde vende-se …
  cartões telefónicos/
  selos?

Tankstelle

Wo ist die nächste
  Tankstelle?
Ich möchte … Liter …
  Super/
  Diesel/
  bleifrei.

Volltanken, bitte!

Bitte prüfen Sie …
  den Reifendruck/
  den Ölstand/
  den Wasserstand/
  die Batterie.
Würden Sie bitte …
  den Ölwechsel
  vornehmen/
  den Radwechsel
  vornehmen/
  die Zündkerzen
  erneuern/
  die Zündung
  nachstellen?

Onde é o próximo
  posto de gasolina
Quero … litros de …
  gasolina super/
  gasóleo/
  gasolina sem
  chumbo.
Encha o depósito,
  por favor!
Por favor verifique …
  a pressão dos pneus/
  o nível de óleo/
  o nível de água/
  a bateria.
Por favor …
  mude o óleo/

  mude o pneu/

  mude as velas/

  ajuste a ignição.

Panne

Ich habe eine Panne.
Der Motor startet nicht.
Ich habe die Schlüssel
  im Wagen gelassen.
Ich habe kein Benzin/
  Diesel.
Gibt es hier in der
  Nähe eine Werkstatt?
Können Sie mir einen
  Abschleppwagen
  schicken?
Können Sie den
  Wagen reparieren?
Bis wann?

Tenho uma avaria.
O motor não arranca.
Deixei as chaves
  dentro do carro.
Estou sem gasolina/
  gasóleo.
Há uma oficina aqui
  por perto?
Pode mandar um
  veículo pronto-
  socorro?
Pode reparar o carro?

Até quando?

Mietwagen

Ich möchte ein Auto
  mieten.

Quero alugar um carro.

Was kostet die Miete …
  pro Tag/
  pro Woche/
  mit unbegrenzter
  km-Zahl/
  mit Kasko-
  versicherung/
  mit Kaution?
Wo kann ich den
  Wagen zurückgeben?

Quanto é o aluguer …
  por dia/
  por semana/
  sem limite de
  quilometragem/
  com seguro contra
  todos os riscos/
  com caução
  (depósito)?
Onde posso entregar
  o veículo?

Unfall

Hilfe!
Achtung!/Vorsicht!
Rufen Sie bitte …
  Krankenwagen/
  die Polizei/
  die Feuerwehr.
Es war (nicht) meine
  Schuld.
Geben Sie mir bitte
  Ihren Namen und
  Ihre Adresse.
Ich brauche die
  Angaben zu Ihrer
  Autoversicherung.

Socorro!
Atenção!/Cuidado!
Por favor chame …
  uma ambulância/
  a polícia/
  os bombeiros.
(Não) foi culpa minha.

Por favor dê-me
  o seu nome e
  o seu endereço.
Preciso dos dados do
  seu seguro de
  automóvel.

Krankheit

Können Sie mir
  einen guten
  Deutsch sprechenden
  Arzt/Zahnarzt
  empfehlen?
Wann hat er
  Sprechstunde?
Wo ist die nächste
  Apotheke?
Ich brauche ein Mittel
  gegen …
  Durchfall/
  Halsschmerzen/

  Fieber/
  Insektenstiche/

  Verstopfung/

  Zahnschmerzen.

Poderia recomendar-
  um bom
  médico/dentista que
  fale alemão?

Qual é o horário de
  consulta?
Onde é a farmácia
  mais próxima?
Preciso de um medica-
  mento para …
  diarreia /
  dores de
  garganta/
  febre/
  picadas de
  mosquitos (insetos)/
  prisão de ventre
  (obstipação)/
  dores de dentes.

Hotel

Können Sie mir
  ein Hotel/eine
  Pension empfehlen?
Ich habe hier ein
  Zimmer reserviert.

Poderia recomendar-
  me um hotel/
  uma pensão?
Reservei um quarto
  aqui.

Haben Sie …	Tem … um quarto
ein Einzel-/	individual/
Doppelzimmer …	um quarto dupio
	(de duas camas)
mit Bad/Dusche/	com quarto de
	banho/chuveiro/
für eine Nacht/	para uma noite/
für eine Woche/	para uma semana/
mit Blick aufs Meer?	com vista para
	o mar?
Was kostet das	Quanto custa
Zimmer …	o quarto …
mit Frühstück/	com pequeno-almoço/
mit Halbpension/	com meia pensão/
mit Vollpension?	com pensão
	completa?
Wie lange gibt es	Até que horas servem
Frühstück?	o pequeno-almoço?
Haben sie ein Fax/	Tem … um fax/
Internet?	Internet?
Ich möchte um …	Poderia acordar-me
geweckt werden.	às … horas.
Ich reise heute Abend/	Vou partir hoje à tarde/
morgen früh ab.	amanhã de manhã.
Kann ich mit Kredit-	Posso pagar com
karte bezahlen?	cartão de crédito?

Restaurant

Wo gibt es ein	Onde encontro um
gutes/günstiges	restaurante bom/
Restaurant?	barato?
Die Speisekarte/	A ementa/a carta
Getränkekarte,	(lista) de bebidas,
bitte.	por favor.
Ich möchte nur eine	Queria apenas um
Kleinigkeit essen.	aperitivo.
Welches Gericht	Que prato recomenda?
empfehlen Sie?	
Haben Sie typische	Tem pratos típicos da
Gerichte der Region?	região?
Haben Sie vegeta-	Tem comida
rische Gerichte?	vegetariana?
Haben Sie alkoholfreie	Tem bebidas
Getränke?	sem álcool?
Können Sie mir bitte …	Pode-me trazer …
ein Messer/	uma faca/
eine Gabel/	um garfo/
einen Löffel geben ?	uma colher,
	por favor?
Das Essen war sehr gut.	A comida estava
	excelente.
Die Rechnung, bitte!	A conta, por favor!

Essen und Trinken

Aal	enguia
Abendessen	jantar
Apfel	maçã
Apfelsine	laranja
Aubergine	beringela
Bier	cerveja
Braten	assado
Brot/Brötchen	pão/pãozinho
Butter	manteiga
Ei	ovo
Eiscreme	gelado
Erdbeere	morango
Espresso	café/bica
Essig	vinagre
Fisch	peixe
Fischeintopf	caldeirada
Flasche	garrafa
Fleisch	carne
Forelle	truta
Fruchtsaft	sumo
Frühstück	pequeno-almoço
Gemüse	legumes
Glas	copo
Gurke	pepino
Hühnchen	frango
Hummer	lagosta
Kalb	vitela
Kartoffel	batata
Käse	queijo
Krug/Karaffe	caneca/jarro
Lachs	salmão
Meeresfrüchte	mariscos
Miesmuscheln	mexilhãos
Milch	leite
Milchkaffee	café com leite
Mineralwasser	água mineral
(mit/ohne	(com/sem
Kohlensäure)	gás)
Mittagessen	almoço
Nachspeisen	sobremesas
Neunauge	lampreia
Öl/Olivenöl	óleo/azeite
Oliven	azeitonas
Pfeffer	pimenta
Reis	arroz
Rindfleisch	carne de vaca
Rochen	raia
Salat	salada
Salz	sal
Sardine	sardinha
Schinken (roh)	presunto
Scholle	solha
Schweinefleisch	carne de porco
Seebarsch	robalo
Seezunge	linguado
Steinbutt	pregado
Stockfisch/Kabeljau	bacalhau
Suppe	sopa
Süßigkeiten	doces
Tee (mit Zitrone)	chá (com limão)
Thunfisch	atum
Vorspeisen	entradas
Wassermelone	melancia
Wein	vinho …
(Weiß-/Rot-/Rosé-)	(branco/tinto/ rosé)
Weintrauben	uvas
Zucker	açúcar

Register

Impressum

Herausgeber: TRAVEL HOUSE MEDIA GmbH, München
Programmleitung: Dr. Michael Kleinjohann
Redaktionsleitung: Jens van Rooij
Autor: Dr. Gabriel Calvo Lopez-Guerrero und Dr. Sabine Tzschaschel
Aktualisierung: Renate Nöldeke
Autor Tipps Seite 12–15: Wolfgang Rössig
Redaktion: txt redaktion & agentur, Dortmund
Bildredaktion: txt redaktion & agentur
Satz: txt redaktion & agentur
Umschlaggestaltung: independent Medien-Design, München
Karten (Umschlag): Computerkartographie Carrle, München
Karten (Innenteil): Computerkartographie Carrle
Herstellung: Katrin Uplegger
Druck: Drukarnia Dimograf Sp z o.o. (Polen)

Ansprechpartner für den Anzeigenverkauf:
KV Kommunalverlag GmbH & Co KG,
MediaCenterMünchen, Tel. 089/92 80 96 44

ISBN 978-3-95689-046-8

Neu bearbeitete Auflage 2014
© 2014 TRAVEL HOUSE MEDIA GmbH, München
ADAC Reiseführer Markenlizenz der ADAC Verlag GmbH & Co. KG, München

Ein Unternehmen der
GANSKE VERLAGSGRUPPE

Bildnachweis

Titel: Felsenstrand Praia da Rocha bei Portimao
Foto: Bildagentur Huber (Giovanni Simeone)

Rücktitel: links: **Bildagentur Huber** (Hans-Peter Merten);
rechts: **Fotolia** (Atlantismedia)

Titel Faltkarte: Carvoeiro
Foto: Shutterstock (devy)

akg Images: 108, 118 – **Fotolia:** 9.1 (tagstiles.com), 13.4 (homydesign), 14.2 (ARochau), 15.4 (Joël Behr) – **Corbis:** 12.2 (Robert Harding/Tom Teegan) – **Gabriel Calvo Lopez-Guerrero und Sabine Tzschaschel:** 3.1 (Wh.), 30, 37, 63, 74, 83.2, 90, 97.2 – **Bildagentur Huber:** 5.1 (Wh.), 7.2, 16/17, 68 (Giovanni), 11.1 (G. Simeone), 34.1 (Gräfenhain), 77, 81.1 – **IFA-Bilderteam:** 92 (Thiele) – **Imago:** 13.1 (Cityfiles), 14.1 (imagebroker) – **Jalag Syndication:** 28 (Tim Langlotz), 36 (Arthur F. Selbach) – **Gerold Jung:** 26, 29, 116, 117 – **laif:** 3.4 (Wh.), 4.3 (Wh.), 25, 49.2, 50, 56 (Zanetti), 4.4 (Wh.), 76, 89.2 (Wh.), 91, 97.1 (Gartung), 5.3 (Wh.), 8.1, 9.2, 44, 105.2, 133 (Rolf Osang), 40 (Malte Jaeger), 54 (Clemens Zahn), 107 (Karl-Heinz Raach) – **Look:** 2.4 (Wh.), 75.1 (Jürgen Richter), 8.3 (Karl-Heinz Raach), 79.1, 80 (Roelbing/Polex) – **mauritius images:** 4.2 (Wh.), 38.2, 106 (Jürgen Wackenhut), 7.1 (Katja Kreder), 13.2, 13.3, 14.3 (Alamy), 26, 27 (Jose Fuste Raga) (Wh.), 57, 60/61, 100 (Michael Howard), 120 (GTW) – **Hubert Stadler:** 79.2 – **Schapowalow:** 5.4 (Wh.), 94 (Justin Foulkes/4Corners), 15.1 (Johanna Huber), 119 (Luca Da Ros) – **Shutterstock:** 12.1 (Sergio Stakhnyk), 12.3 (nessa_flame), 15.2 (egallardo), 15.3 (Maryna Kulchytska), 53.1 (Dariusz Majgier) – **Martin Thomas:** 3.2 (Wh.), 6, 10.2, 11.2, 2.5, 34.2, 38.1, 39, 43 (2), 48, 51, 62 (2), 70, 78, 82, 85.1, 89.1, 99 (2), 101, 110, 121, 128, 129, 130, 131 – **Ernst Wrba:** 2.2 (Wh.), 2.3 (Wh.), 3.3. (Wh.), 4.1 (Wh.), 5.2 (Wh.), 8.2, 10.1, 19, 21, 22, 28, 31, 32, 33, 47, 49.1, 53.2, 58, 59, 61, 65, 67 (2), 71, 72, 73 (2), 75.2, 81.2, 83.1, 85.2, 86, 87, 93, 98, 102 (2), 104, 105.1, 109, 113, 114, 115, 118, 122, 123